송재환 쌤의 초3 국어교과서
따라쓰기 공부법

★ 송재환 쌤의 ★

경고

총총하다

따전

타악기

단숨에

초승달

초3
국어교과서
따라쓰기 공부법

송재환 지음

글담출판

국어교과서 따라쓰기 공부법을
시작하는 부모님들에게

안녕하세요? 초등 교사 송재환입니다. 긴장하며 첫 수업을 시작한 게 엊그제 같은데 벌써 25년이 흘렀습니다. 흐른 시간만큼 자연스럽게 아이들의 모습도 예전과 많이 달라졌습니다. 아이들 특유의 순수함과 사랑스러움, 열정은 그대로이지만, 수업 진행이 옛날보다 어려워졌습니다. 기본 어휘력이 부족하니 어휘를 설명하려다 정작 설명해야 할 것을 놓치기도 하고, 무슨 글자인지 알기 어려워 시험 채점 때마다 곤욕을 겪는 일이 늘었습니다.

이는 요즘 아이들의 문제가 아니라, 글을 읽거나 직접 쓸 일이 옛날보다 현저히 적어졌기 때문입니다. 그렇기에 인위적으로라도 문장과 글에 시선을 오래 머무를 수 있도록 도와줘야 합니다.

읽고 쓰기에 약한 우리 아이,
독서만이 방법일까요?

독서가 좋은 건 모두 잘 아실 거예요. 하지만 그 효과가 드러나기까지 시간이 꽤 걸리는 것도 사실입니다. 이를 고민하는 분들에게 권해 드리는 것이 바로 '따라쓰기'입니다. 열 번 이상 읽는 것보다 한 번 따라 쓸 때 훨씬 책 읽기 효과가 크다는 것은 널리 알려진 사실이기도 해요. 글을 따라 쓰는 것이 맹목적인 행위인 것 같지만 실은 그 과정에서 오히려 집중력이 높아지고 내용 이해는 말할 것도 없고 표현력까지 높일 수 있습니다.

국어교과서를 따라 써봐요!
학교 공부까지 저절로 돼요!

아이들에게 가장 좋은 따라쓰기 책은 바로 교과서입니다. 자타가 공인하는 각계 전문가들이 아이들의 연령 수준에 맞게 좋은 글을 엄선하거나 직접 써서 실어 놓은 책이 바로 교과서입니다.
"선생님, 시험을 왜 교과서 아닌 곳에서 냈어요?"
4학년을 가르칠 때 국어 시험이 끝난 후 한 아이가 볼멘소리로 따지듯 물었습니다. 그 아이에게 모두 교과서에 나오는 지문이라고 했더니 그 아이는 고개를 갸우뚱거리며 미심쩍어했지요. 국어교과서를 학교 수업 시간 외에는 읽지 않았기 때문에 교과서 지문임에도 불구하고 생소하게 느낀 것이었습니다. 이런 경우 학원을 다니고 과

외를 받는다 해도 좋은 성적을 받기 어렵습니다.

교과서는 어떤 책보다 우선시 해야 하고 교과서를 반복해서 읽는 것이야말로 공부의 시작이라 할 수 있습니다. 특히 국어교과서에는 주옥같은 문학 작품이 실렸을 뿐만 아니라 전문가들이 쓴 좋은 글들이 즐비합니다.

하루 10분, 다섯 문장씩만
따라 써도 몰라보게 국어력이 좋아져요!

교과서 속 글들을 통째로 베껴 쓰면 좋겠지만 시간의 제약도 있고 초등학생들이 감내하기에는 너무 힘듭니다. 글에서 중요하고 대표적인 몇 문장을 선별해서 따라 써 보는 것만으로도 최선의 결과를 얻어 낼 수 있습니다.

하루 다섯 문장 쓰기면 충분합니다. 한두 문장만 따라 쓰면 문맥이나 글의 전개 방식을 이해하기 어렵습니다. 그렇다고 다섯 문장이 넘어가면 시간과 노력이 너무 많이 들어서 지속적으로 하기 어렵죠. 보통 다섯 문장 내외로 한 문단이 구성되어 있습니다. 문단은 문장들이 모여 하나의 소주제를 드러내는 글덩어리입니다. 문단을 쓸 줄 알면 글쓰기가 매우 쉬워지죠. 문단이 모여 글이 되기 때문입니다. 이 때문에 글을 풀어가는 방식이나 주제가 드러나게 쓰는 방법들을 익힐 수 있어 좋은 글쓰기 훈련 수단이 되기도 합니다.

또 다섯 문장 정도를 따라 쓰는 데 걸리는 시간은 길어야 10분에서 15분 정도가 걸립니다. 10분 남짓한 시간은 아이들이 어떤 활동을 지루해하지 않고 해내는 최적의 시간이지요.

따라쓰기에서 그치지 않고,
글쓰기 자신감을 키워 줘요!

학교 현장에서 아이들을 지도하면서 가장 넘기 힘든 과정 중 하나를 꼽으라고 하면 바로 '글쓰기에 대한 두려움'입니다. 저학년 중에는 우는 아이들도 있습니다. 왜 우냐고 물으면 "무슨 말을 써야 할지 모르겠어요"라거나 "생각이 안 나요" 라고 답하곤 합니다. 고학년의 현실도 사실 비슷합니다. 글감을 주고 글 좀 써보라고 하면 연필만 쪽쪽 빨고 있는 아이들이 많습니다.

글쓰기에서 가장 중요한 것은 '글쓰기는 말하거나 숨 쉬는 것처럼 자연스럽고 쉬운 것'이라는 인식을 심어 주는 것입니다. 어떻게 하면 이런 인식을 심어 줄 수 있을지 고민을 많이 해왔는데요.

글쓰기가 힘들고 어려운 아이들도 덜 부담스럽고 쉽게 시작해 볼 수 있는 방법이 있었습니다. 그것은 바로 '낱말이나 문장 바꿔 쓰기'입니다. 문장에서 한두 단어나 어절을 바꿔 쓰거나 문단에서 한 문장 정도를 바꿔 써보는 것입니다. 이 정도는 아이 입장에서 그렇게 큰 부담은 아닙니다. 하지만 생각은 엄청 많이 하게 만들지요. 특히 문장 바꿔 쓰기는 글은 짧지만 꽤 고민이 필요합니다. 글의 흐름과 문맥을 이해하고 행간을 읽을 줄 알아야 문장을 바꿔 쓸 수 있기 때문입니다. 문맥을 고려하지 않고 생뚱맞은 문장을 쓰면 양복에 고무신을 신은 것처럼 이상한 글이 되고 맙니다. 그렇다 보니 문장 바꿔 쓰기는 고민만 하다가 결국 못할 수도 있습니다. 하지만 고민하는 과정 속에서 이미 생각의 깊이가 자라게 됩니다. 시도만으로도 의미가 충분한 거지요.

아이가 낱말이나 문장 바꿔 쓰기를 잘한다면 원문 형식은 유지하면서 소재(글감)만 바꿔서 써볼 것을 권합니다. 아이만의 빛깔이 고스란히 담긴 글이 탄생하게 됩니다.

이런 훈련이 반복되다 보면 글쓰기가 쉬어지고 잘하게 됩니다.

이렇게 지도해 주세요!

따라 쓸 때는 『국어 활동』 교과서 맨 뒤쪽에 나오는 '글씨 쓰기' 연습처럼 처음에는 흐릿하게 써 있는 글씨 위에 덧쓰기를 하면서 그대로 따라 쓸 수 있도록 지도해 주세요. 그러면 글씨체 교정에도 큰 도움이 됩니다. 이때 온점, 반점, 느낌표, 물음표, 따옴표와 같은 문장부호까지도 그대로 따라 쓰는 것이 중요합니다. 특히 띄어쓰기에 유의하면서 쓰게 해야 합니다. 띄어쓰기 간격까지도 일정하게 유지하면서 쓸 수 있도록 합니다. 이런 과정이 습관이 되면 점점 글씨나 글이 정갈해지는 것을 확인할 수 있을 것입니다.

따라 쓰는 내용 중에 모르는 낱말이나 중요한 낱말은 따로 낱말 공부를 하는 것이 바람직합니다. 낱말 공부를 할 때 정확한 뜻은 말할 것도 없고 비슷한 말, 반대말, 쓰임 예시 등을 같이 공부하면 어휘력 확장에 매우 큰 도움이 됩니다. 무엇보다 공부한 낱말을 활용해 짧은 문장을 써보게 하면 낱말의 이해도를 높일 수 있고 활용도를 최대치까지 끌어 올릴 수 있습니다. 이 책 안에서 소개하는 어휘만이라도 해보시길 간곡히 권합니다.

이 책의 활용법

이 책은 매일 5문장씩 따라 써볼 수 있도록 구성되어 있어요. 가급적 반복 쓰기 횟수를 줄여 부담을 낮추었어요. 따라 쓴 문장을 바꿔 써보는 활동으로 마무리하여 따라쓰기 효과를 완벽하게 얻을 수 있도록 구성했어요.

❶ 오늘의 날짜를 써요.
  꾸준히 하는 습관을 기를 수 있어요.

❷ 오늘의 문장을 확인해요.
  좋은 문장만 엄선했어요.
  따라쓰기 전에 어떤 내용인지 먼저 읽어요.
  읽고 쓰는 데 부담을 느끼지 않도록 가급적
  1문장씩 끊어 표기했습니다.

❸ 글자를 따라 천천히 써요.
  글자를 따라 문장을 따라 써요.
  이때 띄어쓰기, 온점, 느낌표, 물음표와 같은
  문장부호 쓰기에 유의해요.
  자연스럽게 글씨가 예뻐지고
  띄어쓰기와 문장부호에 익숙해져요.

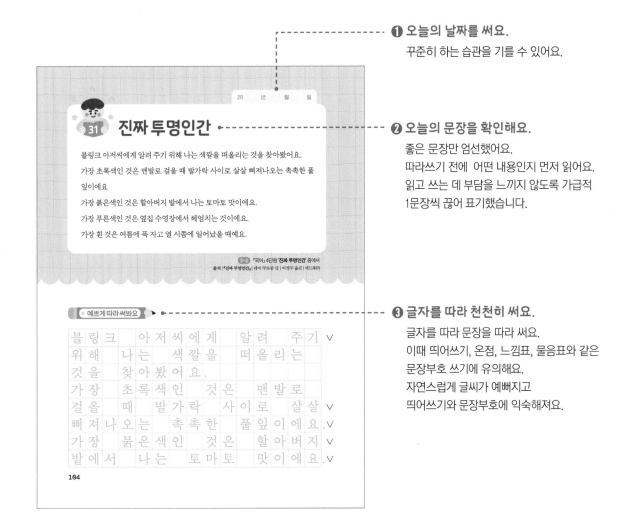

31 진짜 투명인간

블링크 아저씨에게 알려 주기 위해 나는 색깔을 떠올리는 것을 찾아봤어요.
가장 초록색인 것은 맨발로 걸을 때 발가락 사이로 살살 삐져나오는 촉촉한 풀
잎이에요.
가장 붉은색인 것은 할아버지 밭에서 나는 토마토 맛이에요.
가장 푸른색인 것은 옆집 수영장에서 헤엄치는 것이에요.
가장 흰 것은 여름에 푹 자고 열 시쯤에 일어났을 때예요.

3-2 「국어」 4단원 '진짜 투명인간' 중에서
출처 : 「산 너머 투명인간」 레미 쿠르종 글 | 이정주 옮김 | 씨드북

예쁘게 따라 써봐요

블	링	크		아	저	씨	에	게		알	려		주	기	∨
위	해		나	는		색	깔	을		떠	올	리	는		
것	을		찾	아	봤	어	요	.							
가	장		초	록	색	인		것	은		맨	발	로		
걸	을		때		발	가	락		사	이	로		살	살	∨
삐	져	나	오	는		촉	촉	한		풀	잎	이	에	요	. ∨
가	장		붉	은	색	인		것	은		할	아	버	지	∨
밭	에	서		나	는		토	마	토		맛	이	에	요	. ∨

104

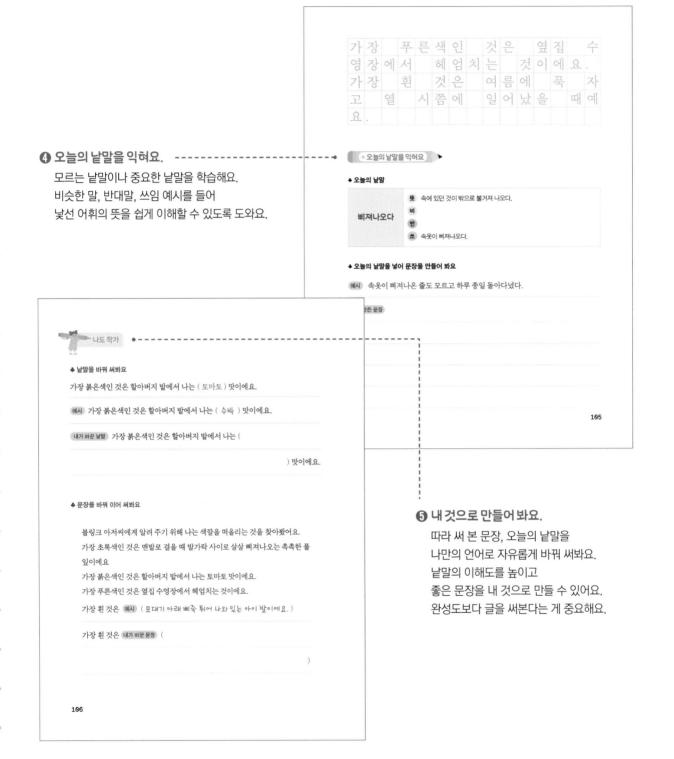

가 장　푸 른 색 인　것 은　옆 집　수
영 장 에 서　헤 엄 치 는　것 이 에 요.
가 장　흰　것 은　여 름 에　푹　자
고　열　시 쯤 에　일 어 났 을　때 예
요.

❹ 오늘의 낱말을 익혀요.
모르는 낱말이나 중요한 낱말을 학습해요.
비슷한 말, 반대말, 쓰임 예시를 들어
낯선 어휘의 뜻을 쉽게 이해할 수 있도록 도와요.

◆ 오늘의 낱말을 익혀요 ▶

♣ 오늘의 낱말

삐져나오다	뜻 속에 있던 것이 밖으로 불거져 나오다.
	비
	반
	쓰 속옷이 삐져나오다.

♣ 오늘의 낱말을 넣어 문장을 만들어 봐요

예시 속옷이 삐져나온 줄도 모르고 하루 종일 돌아다녔다.

따른 문장

나도 작가

♣ 낱말을 바꿔 써봐요

가장 붉은색인 것은 할아버지 밭에서 나는 (토마토) 맛이에요.

예시 가장 붉은색인 것은 할아버지 밭에서 나는 (수박) 맛이에요.

내가 바꾼 낱말 가장 붉은색인 것은 할아버지 밭에서 나는 (

) 맛이에요.

♣ 문장을 바꿔 이어 써봐요

블링크 아저씨에게 알려 주기 위해 나는 색깔을 떠올리는 것을 찾아봤어요.
가장 초록색인 것은 맨발로 걸을 때 발가락 사이로 살살 삐져나오는 촉촉한 풀
잎이에요.
가장 붉은색인 것은 할아버지 밭에서 나는 토마토 맛이에요.
가장 푸른색인 것은 옆집 수영장에서 헤엄치는 것이에요.
가장 흰 것은 예시 (포대기 아래 삐죽 튀어 나와 있는 아이 발이에요.)

가장 흰 것은 내가 바꾼 문장 (

)

❺ 내 것으로 만들어 봐요.
따라 써 본 문장, 오늘의 낱말을
나만의 언어로 자유롭게 바꿔 써봐요.
낱말의 이해도를 높이고
좋은 문장을 내 것으로 만들 수 있어요.
완성도보다 글을 써본다는 게 중요해요.

105

106

따라쓰기 실천표

매일 반복한다는 건 쉬운 일이 아니에요. 의지도 다지고, 내가 이만큼이나 해냈구나 하는 뿌듯함을 느낄 수 있도록, 실천표를 써봐요.

이름

문장 번호	쪽수	실천한 날		내 사인
01. 봄의 길목에서	202	.	.	
02. 바삭바삭 갈매기	202	.	.	
03. 으악, 도깨비다!	202	.	.	
04. 산 샘물	202	.	.	
05. 귀신보다 더 무서워	202	.	.	
06. 장승	202	.	.	
07. 내가 좋아하는 동물, 햄스터	202	.	.	
08. 어머니와 물감	202	.	.	
09. 리디아의 정원	202	.	.	
10. 민화	202	.	.	
11. 플랑크톤이란?	202	.	.	
12. 새로운 운동	202	.	.	

01 봄의 길목에서

겨울 끝자락 봄의 길목

가거라! 가거라! 안 된다! 안 된다.

봄바람이 겨울바람과 밀고 당기기를 합니다.

그러는 사이 풀밭에 떨어진 노란 단추

민들레꽃.

3-1 『국어』 1단원 '봄의 길목에서' 중에서

출처 | 『너라면 가만있겠니?』 「봄의 길목에서」 | 우남희 글 | 청개구리

★ 예쁘게 따라 써봐요 ▶

겨	울		끝	자	락		봄	의		길	목	
가	거	라	!		가	거	라	!		안		된	다	!
안		된	다	.								
봄	바	람	이		겨	울	바	람	과		밀	고		당
기	기	를		합	니	다	.					
그	러	는		사	이		풀	밭	에		떨	어	진	
노	란		단	추								
민	들	레	꽃	.								

♣ 오늘의 낱말

당기기	뜻	잡아끌어 가까이 오게 하는 것
	비	땅기기, 댕기기
	반	밀기
	쓰	밀고 당기기

♣ 오늘의 낱말을 넣어 문장을 만들어 봐요

예시   친구와 당기기 놀이를 했다.

내가 만든 문장

 나도 작가

♣ 낱말을 바꿔 써봐요

봄바람이 겨울바람과 (밀고 당기기)를 합니다.

예시   봄바람이 겨울바람과 (달리기 시합을) 합니다.

내가 바꾼 낱말   봄바람이 겨울바람과 (   ) 를 합니다.

♣ **문장을 바꿔 이어 써봐요**

겨울 끝자락 봄의 길목

가거라! 가거라! 안 된다! 안 된다.

봄바람이 겨울바람과 밀고 당기기를 합니다.

예시 (그 모습을 따스하게 바라보는 노란 꽃잎)

내가 바꾼 문장 (

)

민들레꽃.

02 바삭바삭 갈매기

툭툭! 바스락!

어, 이게 뭐지?

콕콕 쪼아 봤어.

짭조름하고 고소한 냄새에 코끝이 찡했어.

조심스럽게 한 입 깨물어 보았지.

3-1 『국어』 1단원 '바삭바삭 갈매기' 중에서
출처 | 『바삭바삭 갈매기』 | 전민걸 글그림 | 한림출판사

✎ 예쁘게 따라 써봐요 ▶

툭	툭	!		바	스	락	!			
어	,		이	게		뭐	지	?		
콕	콕		쪼	아		봤	어	.		
짭	조	름	하	고		고	소	한	냄	새	에		코
끝	이		찡	했	어	.				
조	심	스	럽	게		한		입		깨	물	어		보
았	지	.								

♣ 오늘의 낱말

짭조름하다	뜻	조금 짠맛이 있다.
	비	간간하다, 짜다
	반	심심하다, 싱겁다
	쓰	짭조름한 바다 냄새

♣ 오늘의 낱말을 넣어 문장을 만들어 봐요

예시 짭조름한 김에 밥을 싸 먹었다.

내가 만든 문장

나도 작가

♣ 낱말을 바꿔 써봐요

(짭조름하고 고소한) 냄새에 코끝이 찡했어.

예시 (바다의 비릿한) 냄새에 코끝이 찡했어.

내가 바꾼 낱말 (   ) 냄새에 코끝이 찡했어.

툭툭! 바스락!

어, 이게 뭐지?

콕콕 쪼아 봤어.

예시 (짭짤하고 구수한 냄새에 저절로 군침이 돌았어.)

내가 바꾼 문장 (

)

조심스럽게 한 입 깨물어 보았지.

03 으악, 도깨비다!

멋쟁이는 이제 밤이 되어도 움직일 수 없게 되었지요.

친구들이 밤마다 놀러 왔지만 멋쟁이는 조금도 즐겁지 않았어요.

뻐드렁니가 '잘난 척 왕자'라고 약을 올려도 대꾸도 하지 않고 한숨만 푹푹 내

쉬었지요.

3-1 『국어』 1단원 '으악, 도깨비다!' 중에서
출처 | 『으악, 도깨비다!』 | 손정원 글 | 유애로 그림 | 느림보

예쁘게 따라 써봐요 ▶

멋	쟁	이	는		이	제		밤	이		되	어	도
움	직	일		수		없	게		되	었	지	요	.
친	구	들	이		밤	마	다		놀	러		왔	지	만	∨
멋	쟁	이	는		조	금	도		즐	겁	지		않	았
어	요	.
뻐	드	렁	니	가		'	잘	난		척		왕	자	'
라	고		약	을		올	려	도		대	꾸	도		하
지		않	고		한	숨	만		푹	푹		내	쉬	었

지 요.

♣ 오늘의 낱말

뻐드렁니	뜻	밖으로 벋은 앞니
	비	덧니, 버드렁니
	반	
	쓰	그는 웃을 때마다 보이는 뻐드렁니가 매력이다.

♣ 오늘의 낱말을 넣어 문장을 만들어 봐요

예시   내 친구는 웃을 때마다 뻐드렁니가 보인다.

내가 만든 문장

나도 작가

♣ 낱말을 바꿔 써봐요

뻐드렁니가 ('잘난 척 왕자')라고 약을 올려도 대꾸도 하지 않고 한숨만 푹푹 내쉬었

지요.

예시 뻐드렁니가 ('알나리깔나리') 라고 약을 올려도 대꾸도 하지 않고 한숨만 푹

푹 내쉬었지요.

내가 바꾼 낱말 뻐드렁니가 (

) 라고 약을 올려도 대꾸도 하지 않고 한숨만 푹푹 내쉬었지요.

♣ 문장을 바꿔 이어 써봐요

멋쟁이는 이제 밤이 되어도 움직일 수 없게 되었지요.

예시 (꼼짝 않고 집에만 있으려니 너무 심심하고 우울했어요.)

내가 바꾼 문장 (

)

뻐드렁니가 '잘난 척 왕자'라고 약을 올려도 대꾸도 하지 않고 한숨만 푹푹 내쉬었지요.

04 산 샘물

바위 틈새 속에서 쉬지 않고 송송송.

맑은 물이 고여선 넘쳐흘러 졸졸졸.

푸고 푸고 다 퍼도 끊임없이 송송송.

푸다 말고 놔두면 다시 고여 졸졸졸.

3-1 『국어 활동』1단원 '산 샘물' 중에서

예쁘게 따라 써봐요 ▶

바	위		틈	새		속	에	서		쉬	지		않	고	V
송	송	송	.												
맑	은		물	이		고	여	선		넘	쳐	흘	러		
졸	졸	졸	.												
푸	고		푸	고		다		퍼	도		끊	임	없	이	V
송	송	송	.												
푸	다		말	고		놔	두	면		다	시		고	여	V
졸	졸	졸	.												

♣ 오늘의 낱말

틈새	**뜻**	벌어져 난 틈의 사이
	비	틈, 기회
	반	
	쓰	틈새시장, 사람들 틈새에 끼여

♣ 오늘의 낱말을 넣어 문장을 만들어 봐요

예시   나는 친구들 틈새에 끼여 앉았다.

내가 만든 문장

 나도 작가

♣ 낱말을 바꿔 써봐요

바위 틈새 속에서 쉬지 않고 (송송송.)

예시   바위 틈새 속에서 쉬지 않고 (움직이는 송사리.)

내가 바꾼 낱말   바위 틈새 속에서 쉬지 않고 (   )

♣ **문장을 바꿔 이어 써봐요**

바위 틈새 속에서 쉬지 않고 송송송.

맑은 물이 고여선 넘쳐흘러 졸졸졸.

푸고 푸고 다 퍼도 끊임없이 송송송.

예시   (토끼가 세수하러 왔다가 물만 마시고 가는 투명한 샘물.)

내가 바꾼 문장   (

)

05 귀신보다 더 무서워

그때였어요.

"삐익 삐이이익 삐익 삑."

만만이가 피리 소리를 냈어요.

만만이가 응석 부릴 때 내는 소리에요.

아직도 자기 집에 안 들어갔나 봐요.

3-1 『국어 활동』1단원 '귀신보다 더 무서워' 중에서
출처 『귀신보다 더 무서워』| 허은순 글 | 김이조 그림 | 보리

★ 예쁘게 따라 써봐요 ▶

그	때	였	어	요	.						
"	삐	익		삐	이	이	익		삐	익	삑."
만	만	이	가		피	리		소	리	를	냈어요. ∨
만	만	이	가		응	석		부	릴		때	내 는 ∨
소	리	에	요	.							
아	직	도		자	기		집	에		안	들 어 갔
나		봐	요	.							

♣ 오늘의 낱말을 익혀요 ▶

♣ 오늘의 낱말

응석	뜻	어른에게 어리광을 부리거나 귀여워해 주는 것을 믿고 버릇없이 구는 일
	비	어리광
	반	
	쓰	응석을 부리다.

♣ 오늘의 낱말을 넣어 문장을 만들어 봐요

예시 동생은 엄마에게 과자를 사달라며 응석을 부렸다.

내가 만든 문장

나도 작가

♣ 낱말을 바꿔 써봐요

("삐익 삐이이익 삐익 삑.") 만만이가 피리 소리를 냈어요.

예시 (" 삐릴리리.") 만만이가 피리 소리를 냈어요.

내가 바꾼 낱말 (   ) 만만이가 피리 소리를 냈어요.

♣ **문장을 바꿔 이어 써봐요**

그때였어요.

"삐익 삐이이익 삐익 삑."

만만이가 피리 소리를 냈어요.

예시   (만만이가 아무도 놀아 주지 않아 심심한가 봐요.)

내가 바꾼 문장   (

　　　　　　　　　　　　　　　　　　　　　　　　　　　　　)

아직도 자기 집에 안 들어갔나 봐요.

06 장승

장승은 여러 가지 구실을 했습니다.

우리 조상은 장승이 나쁜 병이나 기운이 마을로 들어오는 것을 막아 준다고 믿었습니다.

장승은 나그네에게 길을 알려주기도 했습니다.

또 장승은 마을과 마을 사이를 나누는 구실도 했습니다.

3-1 『국어』 2단원 '장승' 중에서

★ 예쁘게 따라 써봐요 ▶

장	승	은		여	러		가	지		구	실	을		했
습	니	다	.											
우	리		조	상	은		장	승	이		나	쁜		병
이	나		기	운	이		마	을	로		들	어	오	는	∨
것	을		막	아		준	다	고		믿	었	습	니	다	. ∨
장	승	은		나	그	네	에	게		길	을		알	려
주	기	도		했	습	니	다	.						
또		장	승	은		마	을	과		마	을		사	이

| 를 | | 나 | 누 | 는 | | 구 | 실 | 도 | | 했 | 습 | 니 | 다 | . |

♣ 오늘의 낱말

구실	뜻	자기가 마땅히 해야 할 맡은 바 책임
	비	역할, 노릇
	반	
	쓰	구실을 붙이다. 부모 구실을 하다.

♣ 오늘의 낱말을 넣어 문장을 만들어 봐요

예시 거북선은 임진왜란 때 왜적을 무찌르는 데 큰 구실을 했다.

내가 만든 문장

 나도 작가

♣ 낱말을 바꿔 써봐요

장승은 (마을과 마을 사이를 나누는)구실도 했습니다.

예시　장승은 (마을의 시작을 알려주는) 구실도 했습니다.

내가 바꾼 낱말　장승은 (

) 구실도 했습니다.

♣ 문장을 바꿔 이어 써봐요

장승은 여러 가지 구실을 했습니다.

우리 조상은 장승이 나쁜 병이나 기운이 마을로 들어오는 것을 막아 준다고 믿었습니다.

예시　(장승은 나그네에게 네비게이션 같은 역할도 했습니다.)

내가 바꾼 문장　(

)

또 장승은 마을과 마을 사이를 나누는 구실도 했습니다.

07 내가 좋아하는 동물, 햄스터

나는 햄스터를 좋아합니다.

햄스터는 작고 귀엽게 생겼습니다.

햄스터는 영리해서 똥오줌도 스스로 가립니다.

또 햄스터는 자기 집을 늘 깨끗하게 청소합니다.

햄스터는 종류도 다양합니다. 그래서 내가 키우고 싶은 종류를 선택해서 기를

수 있습니다.

3-1 『국어 활동』 2단원 '내가 좋아하는 동물, 햄스터' 중에서

★ 예쁘게 따라 써봐요 ▶

나	는		햄	스	터	를		좋	아	합	니	다	.	
햄	스	터	는		작	고		귀	엽	게		생	겼	습
니	다	.												
햄	스	터	는		영	리	해	서		똥	오	줌	도	
스	스	로		가	립	니	다	.						
또		햄	스	터	는		자	기		집	을		늘	
깨	끗	하	게		청	소	합	니	다	.				
햄	스	터	는		종	류	도		다	양	합	니	다	.

V

032

그	래	서		내	가		키	우	고		싶	은		종
류	를		선	택	해	서		기	를		수		있	습
니	다	.												

♣ 오늘의 낱말

가리다	**뜻** 여럿 가운데서 하나를 구별하여 고르다.
	비 가려내다
	반
	쓰 우승 팀을 가리다.

♣ 오늘의 낱말을 넣어 문장을 만들어 봐요

예시 초등학생이 되었는데 아직 똥오줌도 못 가린다.

내가 만든 문장

나도 작가

♣ 낱말을 바꿔 써봐요

햄스터는 (작고 귀엽게) 생겼습니다.

예시 햄스터는 (하얀 솜뭉치처럼) 생겼습니다.

내가 바꾼 낱말 햄스터는 (   ) 생겼습니다.

♣ 문장을 바꿔 이어 써봐요

예시 (내가 햄스터를 좋아하는 이유는 4가지입니다.)

내가 바꾼 문장 (

)

햄스터는 작고 귀엽게 생겼습니다.

햄스터는 영리해서 똥오줌도 스스로 가립니다.

또 햄스터는 자기 집을 늘 깨끗하게 청소합니다.

햄스터는 종류도 다양합니다. 그래서 내가 키우고 싶은 종류를 선택해서 기를

수 있습니다.

08 어머니와 물감

물감이 없었다.

아침에 분명 챙겼는데 보이지 않았다.

그때서야 신발 신을 때 물감을 현관에 두고 온 것이 떠올랐다.

짝은 새 물감이라고 빌려주지 않을지도 모른다.

그리고 물감을 준비하지 않았다고 선생님께 꾸중을 들을 수도 있다.

3-1 『국어』 4단원 '**어머니와 물감**' 중에서

★ 예쁘게 따라 써봐요 ▶

물	감	이		없	었	다	.				
아	침	에		분	명		챙	겼	는	데		보	이	지	V
않	았	다	.								
그	때	서	야		신	발		신	을		때		물	감
을		현	관	에		두	고		온		것	이		떠
올	랐	다	.								
짝	은		새		물	감	이	라	고		빌	려	주	지	V
않	을	지	도		모	른	다	.			

035

그	리	고		물	감	을		준	비	하	지		않	았
다	고			선	생	님	께		꾸	중	을		들	을
수	도		있	다	.									

✏️ 오늘의 낱말을 익혀요 ▶

♣ 오늘의 낱말

	뜻	윗사람이 아랫사람의 잘못을 따져 꾸짖는 말
꾸중	비	꾸지람, 야단
	반	칭찬, 격려
	쓰	꾸중을 듣다.

♣ 오늘의 낱말을 넣어 문장을 만들어 봐요

예시 나는 오늘 하는 일마다 꾸중을 들었다.

내가 만든 문장

나도 작가

♣ 낱말을 바꿔 써봐요

그리고 물감을 준비하지 않았다고 선생님께 (꾸중)을 들을 수도 있다.

예시 그리고 물감을 준비하지 않았다고 선생님께 (잔소리를) 들을 수도 있다.

내가 바꾼 낱말 그리고 물감을 준비하지 않았다고 선생님께 (

) 들을 수도 있다.

♣ 문장을 바꿔 이어 써봐요

물감이 없었다.

아침에 분명 챙겼는데 보이지 않았다.

예시 (그 순간 물감을 아빠 차에 두고 내린 것이 떠올랐다.)

내가 바꾼 문장 (

)

짝은 새 물감이라고 빌려주지 않을지도 모른다.

그리고 물감을 준비하지 않았다고 선생님께 꾸중을 들을 수도 있다.

09 리디아의 정원

가슴이 너무 쿵쿵거려서 아래층 손님들한테까지 제 심장 뛰는 소리가 들릴 것만

같아요.

외삼촌은 제가 지금까지 한 번도 보지 못한 굉장한 케이크를 들고 나타나셨어요.

꽃으로 뒤덮인 케이크였어요.

저한테는 그 케이크 한 개가 외삼촌이 천 번 웃으신 것만큼이나 의미 있었어요.

3-1 『국어』 4단원 '리디아의 정원' 중에서

출처 | 『리디아의 정원』 | 사라 스튜어트 글 | 데이비드 스몰 그림 | 이복희 옮김 | 시공주니어

★ 예쁘게 따라 써봐요 ▶

가	슴	이		너	무		쿵	쿵	거	려	서		아	래
층		손	님	들	한	테	까	지		제		심	장	
뛰	는		소	리	가		들	릴		것	만		같	아
요	.													
외	삼	촌	은		제	가		지	금	까	지		한	
번	도		보	지		못	한		굉	장	한		케	이
크	를		들	고		나	타	나	셨	어	요	.		
꽃	으	로		뒤	덮	인		케	이	크	였	어	요	.

저한테는 그 케이크 한 개가
외삼촌이 천 번 웃으신 것만
큼이나 의미 있었어요.

♣ 오늘의 낱말

굉장한	뜻	아주 크고 훌륭한
	비	대단한, 상당한, 엄청난, 어마어마한
	반	
	쓰	생일 잔치가 굉장하다.

♣ 오늘의 낱말을 넣어 문장을 만들어 봐요

예시 내 친구는 굉장한 실력의 소유자다.

내가 만든 문장

 나도 작가

♣ 낱말을 바꿔 써봐요

외삼촌은 제가 지금까지 한 번도 보지 못한 (굉장한 케이크를)들고 나타나셨어요.

예시 외삼촌은 제가 지금까지 한 번도 보지 못한 (엄청난 상자를) 들고 나타나셨어요.

내가 바꾼 낱말 외삼촌은 제가 지금까지 한 번도 보지 못한 (

) 들고 나타나셨어요.

♣ 문장을 바꿔 이어 써봐요

가슴이 너무 쿵쿵거려서 아래층 손님들한테까지 제 심장 뛰는 소리가 들릴 것만 같아요.

외삼촌은 제가 지금까지 한 번도 보지 못한 굉장한 케이크를 들고 나타나셨어요.

예시 (제가 좋아하는 과일들로 멋지게 장식된 케이크였어요.)

내가 바꾼 문장 (

)

저한테는 그 케이크 한 개가 외삼촌이 천 번 웃으신 것만큼이나 의미 있었어요.

10 민화

민화는 옛날 사람들이 널리 사용하던 그림이에요.

따라서 민화 속에는 우리 조상의 삶과 신앙, 멋이 깃들어 있어요.

민화가 여느 그림과 다른 점은 생활에 필요한 실용적인 그림이라는 것이에요.

다시 말해, 민화는 어떤 특별한 목적을 위해 사용한 그림이지요.

3-1 『국어』5단원 '민화' 중에서

출처 | 『한눈에 반한 우리 미술관』| 장세현 글 | 사계절

★ 예쁘게 따라 써봐요 ▶

민	화	는		옛	날		사	람	들	이		널	리
사	용	하	던		그	림	이	에	요	.			
따	라	서		민	화		속	에	는		우	리		조
상	의		삶	과		신	앙	,		멋	이		깃	들
어		있	어	요	.								
민	화	가		여	느		그	림	과		다	른		점
은		생	활	에		필	요	한		실	용	적	인
그	림	이	라	는		것	이	에	요	.			

다시 말해, 민화는 어떤 특별한 목적을 위해 사용한 그림이지요.

♣ 오늘의 낱말

실용적인	뜻	실제로 쓰기에 알맞은
	비	실질적인, 기능적인, 경제적인
	반	
	쓰	실용적인 목적

♣ 오늘의 낱말을 넣어 문장을 만들어 봐요

예시 어제 산 운동화는 퍽 실용적이다.

내가 만든 문장

나도 작가

♣ 낱말을 바꿔 써봐요

(민화) 속에는 우리 조상의 삶과 신앙, 멋이 깃들어 있어요.

예시 (전래동화) 속에는 우리 조상의 삶과 신앙, 멋이 깃들어 있어요.

내가 바꾼 낱말 (   ) 속에는

우리 조상의 삶과 신앙, 멋이 깃들어 있어요.

♣ 문장을 바꿔 이어 써봐요

민화는 옛날 사람들이 널리 사용하던 그림이에요.

따라서 민화 속에는 우리 조상의 삶과 신앙, 멋이 깃들어 있어요.

민화가 여느 그림과 다른 점은 생활에 필요한 실용적인 그림이라는 것이에요.

다시 말해, **예시** (민화는 양반이 아닌 서민을 위한 그림이었지요.)

다시 말해, **내가 바꾼 문장** (

)

11 플랑크톤이란?

물에 사는 생물들은 살아가는 모습에 따라서 크게 세 가지로 나뉩니다.

바닥 생활을 하는 생물, 헤엄을 치는 생물, 그리고 떠다니는 생물이 있습니다.

이 가운데 물에 둥둥 떠다니는 생물을 통틀어서 '플랑크톤'이라고 합니다.

3-1 『국어』 5단원 '플랑크톤이란?' 중에서

출처 | 『플랑크톤의 비밀』 | 김종문 글 | 이경국 그림 | 예림당

★ 예쁘게 따라 써봐요 ▶

물	에		사	는		생	물	들	은		살	아	가	는	∨
모	습	에		따	라	서		크	게		세		가	지	
로		나	뉩	니	다	.									
바	닥		생	활	을		하	는		생	물	,		헤	
엄	을		치	는		생	물	,		그	리	고		떠	
다	니	는		생	물	이		있	습	니	다	.			
이		가	운	데		물	에		둥	둥		떠	다	니	
는		생	물	을		통	틀	어	서		'	플	랑	크	

톤' 이 라 고   합 니 다.

♣ 오늘의 낱말

통틀어서	뜻	있는 대로 모두 한데 묶어서
	비	모두, 합하여, 죄다, 도틀어
	반	
	쓰	통틀어 일컫는 말

♣ 오늘의 낱말을 넣어 문장을 만들어 봐요

예시   내 신발은 통틀어 12켤레이다.

내가 만든 문장

나도 작가

♣ 낱말을 바꿔 써봐요

이 가운데 물에 둥둥 떠다니는 생물을 (통틀어서) '플랑크톤'이라고 합니다.

예시 이 가운데 물에 둥둥 떠다니는 생물을 (도틀어) '플랑크톤'이라고 합니다.

내가 바꾼 낱말 이 가운데 물에 둥둥 떠다니는 생물을 (   )

'플랑크톤'이라고 합니다.

♣ 문장을 바꿔 이어 써봐요

물에 사는 생물들은 살아가는 모습에 따라서 크게 세 가지로 나뉩니다.

바닥 생활을 하는 생물, 헤엄을 치는 생물, 그리고 떠다니는 생물이 있습니다.

예시 (살아가는 모습에 따라서 생김새도 저마다 다르지요.)

내가 바꾼 문장 (

)

12 새로운 운동

우리나라 전통 놀이를 새롭게 바꾸어 만든 운동에는 한궁이 있습니다.

한궁은 우리나라 전통 놀이인 투호와 외국의 다트를 합쳐서 만든 운동입니다.

자석 한궁 핀을 표적판에 던져 높은 점수를 얻는 사람이 이깁니다.

왼손과 오른손으로 각각 다섯 번씩 던져야 하기 때문에 양손 근육을 골고루 발

달시킬 수 있습니다.

3-1 『국어 활동』5단원 '**새로운 운동**' 중에서

✏ 예쁘게 따라 써봐요 ▶

우	리	나	라		전	통		놀	이	를		새	롭	게	∨
바	꾸	어		만	든		운	동	에	는		한	궁	이	∨
있	습	니	다	.											
한	궁	은		우	리	나	라		전	통		놀	이	인	∨
투	호	와		외	국	의		다	트	를		합	쳐	서	∨
만	든		운	동	입	니	다	.							
자	석		한	궁		핀	을		표	적	판	에		던	
져		높	은		점	수	를		얻	는		사	람	이	∨

이깁니다.
왼손과 오른손으로 각각 다섯 V
번씩 던져야 하기 때문에 양
손 근육을 골고루 발달시킬
수 있습니다.

♣ 오늘의 낱말

전통	**뜻**	옛날부터 전해 내려오는 사상·관습·행동 따위의 양식
	비	관습, 인습
	반	
	쓰	전통 놀이, 전통 양식

♣ 오늘의 낱말을 넣어 문장을 만들어 봐요

예시 제기차기는 내가 좋아하는 전통 놀이이다.

내가 만든 문장

 나도 작가

♣ 낱말을 바꿔 써봐요

우리나라 (전통) 놀이를 새롭게 바꾸어 만든 운동에는 한궁이 있습니다.

예시 우리나라 (옛날) 놀이를 새롭게 바꾸어 만든 운동에는 한궁이 있습니다.

내가 바꾼 낱말 우리나라 (

) 놀이를 새롭게 바꾸어 만든 운동에는 한궁이 있습니다.

♣ 문장을 바꿔 이어 써봐요

우리나라 전통 놀이를 새롭게 바꾸어 만든 운동에는 한궁이 있습니다.
한궁은 우리나라 전통 놀이인 투호와 외국의 다트를 합쳐서 만든 운동입니다.
자석 한궁 핀을 표적판에 던져 높은 점수를 얻는 사람이 이깁니다.

예시 (얼마나 재밌을지 한번 해보고 싶습니다.)

내가 바꾼 문장 (

)

13 기후와 생활

기후에 따라 입는 옷이 다릅니다.

추운 겨울에는 몸의 열을 빼앗기지 않으려고 가죽옷이나 두꺼운 털옷을 입습니다.

그러나 무더운 여름에는 몸에서 생기는 열을 내보내려고 얇고 성긴 옷을 입습니다.

3-1 『국어』 7단원 **기후와 생활** 중에서

★ 예쁘게 따라 써봐요 ▶

기	후	에		따	라		입	는		옷	이		다	릅
니	다	.												
추	운		겨	울	에	는		몸	의		열	을		빼
앗	기	지		않	으	려	고		가	죽	옷	이	나	
두	꺼	운		털	옷	을		입	습	니	다	.		
그	러	나		무	더	운		여	름	에	는		몸	에
서		생	기	는		열	을		내	보	내	려	고	
얇	고		성	긴		옷	을		입	습	니	다	.	

♣ 오늘의 낱말

성기다	**뜻** 물건 사이가 뜨다.
	비 성글다, 드물다
	반 배다
	쓰 머리카락이 성기다. 만남이 성기다.

♣ 오늘의 낱말을 넣어 문장을 만들어 봐요

예시   아빠의 성긴 머리카락을 보니 마음이 아프다.

내가 만든 문장

 나도 작가

♣ 낱말을 바꿔 써봐요

(기후에) 따라 입는 옷이 다릅니다.

예시   (장소에) 따라 입는 옷이 다릅니다.

내가 바꾼 낱말   (   ) 따라 입는 옷이 다릅니다.

♣ 문장을 바꿔 이어 써봐요

기후에 따라 입는 옷이 다릅니다.

추운 겨울에는 몸의 열을 빼앗기지 않으려고 가죽옷이나 두꺼운 털옷을 입습니다.

그러나 예시 (패셔니스타들은 추워도 멋을 위해서라면 얇은 옷을 입습니다.)

그러나 내가 바꾼 문장 (

)

14 오성과 한음

옆집 하인이 그쪽으로 넘어간 감나무 가지를 자기네 것이라고 우기며 감을 따지 못하게 했습니다.

"그런 경우가 어디 있나? 그 감은 우리 것이네. 아무리 담 너머로 가지가 넘어갔어도 우리 집에서 심고 가꾸었기 때문이야."

오성은 어이없다는 듯이 옆집 하인에게 말했습니다.

3-1 『국어』 8단원 '오성과 한음' 중에서

✦ 예쁘게 따라 써봐요 ▶

옆	집		하	인	이		그	쪽	으	로		넘	어	간	∨
감	나	무		가	지	를		자	기	네		것	이	라	
고		우	기	며		감	을		따	지		못	하	게	∨
했	습	니	다	.											
"	그	런		경	우	가		어	디		있	나	?		
그		감	은		우	리		것	이	네	.		아	무	
리		담		너	머	로		가	지	가		넘	어	갔	
어	도		우	리		집	에	서		심	고		가	꾸	

었기　　때문이야.　”
오성은　　어이없다는　　듯이　　옆집 ∨
하인에게　　말했습니다.

✦ 오늘의 낱말을 익혀요 ▶

♣ 오늘의 낱말

우기다	뜻	억지를 부려 자기 의견을 고집스럽게 내세우다.
	비	고집부리다, 억지부리다, 억설하다, 고집하다
	반	
	쓰	끝까지 우기다.

♣ 오늘의 낱말을 넣어 문장을 만들어 봐요

예시　친구는 자기의 의견이 맞다고 끝까지 우겼다.

내가 만든 문장

나도 작가

♣ 낱말을 바꿔 써봐요

오성은 (어이없다는 듯이) 옆집 하인에게 말했습니다.

예시 오성은 (황당하다는 듯이) 옆집 하인에게 말했습니다.

내가 바꾼 낱말 오성은 (

) 옆집 하인에게 말했습니다.

♣ 문장을 바꿔 이어 써봐요

옆집 하인이 그쪽으로 넘어간 감나무 가지를 자기네 것이라고 우기며 감을 따지 못하게 했습니다.
"그런 경우가 어디 있나? 그 감은 우리 것이네. 아무리 담 너머로 가지가 넘어갔어도 우리 집에서 심고 가꾸었기 때문이야."

예시 (오성은 기가 막혀 옆집 하인에게 항의했습니다.)

내가 바꾼 문장 (

)

15 지구를 깨끗이 가꾸자

우리는 지구를 깨끗이 하려고 노력해야 합니다.

왜냐하면 지구는 앞으로도 우리가 살아갈 터전이기 때문입니다.

그런데 우리가 한 번 쓰고 난 뒤에 무심코 버리는 일회용품은 지구를 병들게 합니다.

일회용품은 평소에 사람들이 자주 쓰는 비닐봉지, 일회용 컵, 일회용 나무젓가락 따위를 말합니다.

3-1 『국어』 8단원 '**지구를 깨끗이 가꾸자**' 중에서

예쁘게 따라 써봐요 ▶

우리는 지구를 깨끗이 하려고 ∨
노력해야 합니다.
왜냐하면 지구는 앞으로도 우
리가 살아갈 터전이기 때문입
니다.
그런데 우리가 한 번 쓰고
난 뒤에 무심코 버리는 일회
용품은 지구를 병들게 합니다. ∨

일	회	용	품	은		평	소	에		사	람	들	이	
자	주		쓰	는		비	닐	봉	지	,		일	회	용	∨
컵	,		일	회	용		나	무	젓	가	락		따	위	
를		말	합	니	다	.								

✦ 오늘의 낱말을 익혀요 ▶

♣ 오늘의 낱말

무심코	뜻 아무런 뜻이나 생각이 없이
	비 무심히, 그저, 그냥
	반
	쓰 무심코 던진 말

♣ 오늘의 낱말을 넣어 문장을 만들어 봐요

예시 내가 무심코 한 말이 친구를 화나게 하고 말았다.

내가 만든 문장

 나도 작가

♣ 낱말을 바꿔 써봐요

우리가 한 번 쓰고 난 뒤에 무심코 버리는 일회용품은 지구를 (병들게 합니다.)

예시 우리가 한 번 쓰고 난 뒤에 무심코 버리는 일회용품은 지구를 (오염시킵니다.)

내가 바꾼 낱말 우리가 한 번 쓰고 난 뒤에 무심코 버리는 일회용품은 지구를 (

)

♣ 문장을 바꿔 이어 써봐요

우리는 지구를 깨끗이 하려고 노력해야 합니다.

왜냐하면 **예시** (단 하나밖에 없는 지구이기) 때문입니다.

왜냐하면 **내가 바꾼 문장** (

) 때문입니다.

그런데 우리가 한 번 쓰고 난 뒤에 무심코 버리는 일회용품은 지구를 병들게 합니다.
일회용품은 평소에 사람들이 자주 쓰는 비닐봉지, 일회용 컵, 일회용 나무젓가락 따위를 말합니다.

16 좋은 습관을 기르자

우리는 좋은 습관을 길러야 합니다.

작은 습관이 모여 결국은 큰 변화를 만들기 때문입니다.

습관이란 어떤 행동을 오랫동안 되풀이하면서 저절로 몸에 익은 행동을 말합니다.

예를 들어 꾸준히 일기를 쓴다든가 말을 바르게 곱게 하는 것, 몸을 깨끗이 잘 씻는 것 따위는 작지만 좋은 습관입니다.

3-1 『국어』 8단원 **'좋은 습관을 기르자'** 중에서

★ 예쁘게 따라 써봐요 ▶

우	리	는		좋	은		습	관	을		길	러	야	
합	니	다	.											
작	은		습	관	이		모	여		결	국	은		큰	∨
변	화	를		만	들	기		때	문	입	니	다	.	
습	관	이	란		어	떤		행	동	을		오	랫	동
안		되	풀	이	하	면	서		저	절	로		몸	에	∨
익	은		행	동	을		말	합	니	다	.			
예	를		들	어		꾸	준	히		일	기	를		쓴

다	든	가		말	을		바	르	게		곱	게		하
는		것	,		몸	을		깨	끗	이		잘		씻
는		것		따	위	는		작	지	만		좋	은	
습	관	입	니	다	.									

♣ 오늘의 낱말을 익혀요 ▶

♣ 오늘의 낱말

습관	**뜻** 오랫동안 되풀이하여 저절로 몸에 붙은 행동 방식
	비 버릇, 습성
	반
	쓰 습관을 들이다. 좋은 습관

♣ 오늘의 낱말을 넣어 문장을 만들어 봐요

예시 나는 긴장하면 눈을 깜빡이는 습관이 있다.

─────────────────────────

내가 만든 문장

─────────────────────────

 나도 작가

♣ 낱말을 바꿔 써봐요

작은 습관이 모여 결국은 큰 (변화를) 만들기 때문입니다.

─────────────────────────

예시 작은 습관이 모여 결국은 큰 (차이를) 만들기 때문입니다.

내가 바꾼 낱말 작은 습관이 모여 결국은 큰 (

) 만들기 때문입니다.

♣ 문장을 바꿔 이어 써봐요

우리는 좋은 습관을 길러야 합니다.

작은 습관이 모여 결국은 큰 변화를 만들기 때문입니다.

습관이란 어떤 행동을 오랫동안 되풀이하면서 저절로 몸에 익은 행동을 말합니다.

예를 들어 예시 (매일 잠들기 전에 책을 읽거나 외출에서 돌아오면 손을 씻

는 행동은 작지만 좋은 습관입니다.)

예를 들어 내가 바꾼 문장 (

)

17 그냥 놔두세요

그냥 놔두세요.

하루 종일 말똥구리는 말똥을 굴리게.

하루 종일 베짱이는 푸른 나무 그늘에서 노래 부르게.

하루 종일 사과나무에는 사과 열매가 열리게.

달팽이는 느릅나무 잎에서 하루 종일 꿈을 꾸게.

3-1 『국어』 10단원 '그냥 놔두세요' 중에서
출처 | 『쥐눈이콩은 기죽지 않아』 | 이준관 글 | 김정은 그림 | 문학동네

예쁘게 따라 써봐요 ▶

그	냥		놔	두	세	요	.							
하	루		종	일		말	똥	구	리	는		말	똥	을	∨
굴	리	게	.											
하	루		종	일		베	짱	이	는		푸	른		나
무		그	늘	에	서		노	래		부	르	게	.	
하	루		종	일		사	과	나	무	에	는		사	과	∨
열	매	가		열	리	게	.							
달	팽	이	는		느	릅	나	무		잎	에	서		하

| 루 | | 종 | 일 | | 꿈 | 을 | | 꾸 | 게 | . | | | | |

♣ **오늘의 낱말**

그냥	뜻	더 이상의 변화 없이 그 상태 그대로
	비	그대로, 변함없이, 쭉
	반	
	쓰	그냥 놔두다.

♣ **오늘의 낱말을 넣어 문장을 만들어 봐요**

예시   친구가 나에게 천 원을 조건 없이 그냥 주었다.

내가 만든 문장

나도 작가

♣ **낱말을 바꿔 써봐요**

베짱이는 푸른 나무 그늘에서 (노래 부르게.)

베짱이는 푸른 나무 그늘에서 (낮잠을 자게.)

베짱이는 푸른 나무 그늘에서 (   )

♣ 문장을 바꿔 이어 써봐요

그냥 놔두세요.

하루 종일 말똥구리는 말똥을 굴리게.

하루 종일 베짱이는 푸른 나무 그늘에서 노래 부르게.

하루 종일 사과나무에는 사과 열매가 열리게.

예시 (하루 종일 먹이 찾느라 바빴던 개미는 쉴 수 있게.)

내가 바꾼 문장 (

)

18 만복이네 떡집

만복이는 학교가 끝나자마자 또다시 '만복이네 떡집'으로 달려갔어.

그러고는 무지개떡을 한입에 꿀꺽 삼켰지.

무지개떡은 아주 구수하고 신비롭고 독특한 맛이었어.

지금까지 먹어 본 떡하고는 많이 달랐어.

무지개떡을 먹자 저절로 재미있는 이야기들이 머릿속에 몽실몽실 떠올랐어.

3-1 『국어』 10단원 '만복이네 떡집' 중에서
출처 | 『만복이네 떡집』 | 김리리 글 | 이승현 그림 | 비룡소

★ 예쁘게 따라 써봐요 ▶

만	복	이	는		학	교	가		끝	나	자	마	자
또	다	시		'	만	복	이	네		떡	집	'	으	로	V
달	려	갔	어	.									
그	러	고	는		무	지	개	떡	을		한	입	에
꿀	꺽		삼	켰	지	.							
무	지	개	떡	은		아	주		구	수	하	고		신
비	롭	고		독	특	한		맛	이	었	어	.	
지	금	까	지		먹	어		본		떡	하	고	는

많	이		달	랐	어	.						
무	지	개	떡	을		먹	자		저	절	로		재	미
있	는		이	야	기	들	이		머	릿	속	에		몽
실	몽	실		떠	올	랐	어	.				

♣ 오늘의 낱말

몽실몽실	**뜻**	구름이나 연기 따위가 동글동글하게 뭉쳐서 가볍게 떠 있는 모양
	비	뭉실뭉실
	반	
	쓰	몽실몽실 피어오르다.

♣ 오늘의 낱말을 넣어 문장을 만들어 봐요

예시   책을 읽으니 좋은 아이디어가 몽실몽실 떠올랐다.

내가 만든 문장

 나도 작가

♣ 낱말을 바꿔 써봐요

무지개떡은 (아주 구수하고 신비롭고 독특한) 맛이었어.

예시 무지개떡은 (일곱 색깔의) 맛이었어.

내가 바꾼 낱말 무지개떡은 (

) 맛이었어.

♣ 문장을 바꿔 이어 써봐요

만복이는 학교가 끝나자마자 또다시 '만복이네 떡집'으로 달려갔어.

그러고는 무지개떡을 한입에 꿀꺽 삼켰지.

무지개떡은 아주 구수하고 신비롭고 독특한 맛이었어.

지금까지 먹어 본 떡하고는 많이 달랐어.

무지개떡을 먹자 예시 (사방이 일곱 색깔의 구름으로 가득 차기 시작했어.)

무지개떡을 먹자 내가 바꾼 문장 (

)

19 강아지똥

"그런데 한 가지 꼭 필요한 게 있어."

민들레가 말하면서 강아지똥을 봤어요.

"네가 거름이 돼 줘야 한단다."

"내가 거름이 되다니?"

"네 몸뚱이를 고스란히 녹여 내 몸속으로 들어와야 해. 그래야만 별처럼 고운

꽃이 핀단다."

3-1　『국어』 10단원 '강아지똥' 중에서

출처 | 『강아지똥』 | 권정생 글 | 정승각 그림 | 길벗어린이

★ 예쁘게 따라 써봐요 ▶

"	그	런	데		한		가	지		꼭		필	요	한	V
게		있	어	.	"										
민	들	레	가		말	하	면	서		강	아	지	똥	을	V
봤	어	요	.												
"	네	가		거	름	이		돼		줘	야		한	단	
다	.	"													
"	내	가		거	름	이		되	다	니	?	"			
"	네		몸	뚱	이	를		고	스	란	히		녹	여	V

내		몸	속	으	로		들	어	와	야		해	.
그	래	야	만		별	처	럼		고	운		꽃	이
핀	단	다	.	"									

♣ **오늘의 낱말**

고스란히	**뜻**	조금도 변하지 않고 그대로 온전한 상태로
	비	오롯이, 온전히, 고이
	반	
	쓰	고스란히 남기다.

♣ **오늘의 낱말을 넣어 문장을 만들어 봐요**

예시 동생은 몸이 아파서 그런지 밥을 고스란히 남겼다.

내가 만든 문장

나도 작가

♣ **낱말을 바꿔 써봐요**

네 몸뚱이를 (고스란히) 녹여 내 몸 속으로 들어와야 해.

예시 네 몸뚱이를 (완전히) 녹여 내 몸 속으로 들어와야 해.

내가 바꾼 낱말 네 몸뚱이를 (

) 녹여 내 몸 속으로 들어와야 해.

♣ **문장을 바꿔 이어 써봐요**

"그런데 한 가지 꼭 필요한 게 있어."

민들레가 말하면서 강아지똥을 봤어요.

"네가 거름이 돼 줘야 한단다."

"내가 거름이 되다니?"

예시 ("내가 자랄 수 있도록 자양분이 되어 준다는 뜻이야.")

내가 바꾼 문장 (

)

20 바위나리와 아기별

이튿날에도, 그 이튿날에도 아기별은 보이지 않았습니다.

바위나리의 병은 점점 깊어 갔습니다.

꽃은 시들고 몸은 말라 갔습니다.

간신히 감장 돌에 몸을 의지하고 있던 바위나리는 별안간 불어온 모진

바람에 그만 바다로 '휙' 날려 가고 말았습니다.

3-1 『국어 활동』10단원 '바위나리와 아기별' 중에서
출처 | 『바위나리와 아기별』 | 마해송 글 | 정유정 그림 | 길벗어린이

★ 예쁘게 따라 써봐요 ▶

이	튿	날	에	도	,		그		이	튿	날	에	도
아	기	별	은		보	이	지		않	았	습	니	다	.
바	위	나	리	의		병	은		점	점		깊	어
갔	습	니	다	.
꽃	은		시	들	고		몸	은		말	라		갔	습
니	다	.
간	신	히		감	장		돌	에		몸	을		의	지
하	고		있	던		바	위	나	리	는		별	안	간	∨

불	어	온		모	진		바	람	에		그	만		바
다	로		'	휙	'		날	려		가	고		말	았
습	니	다	.											

♣ 오늘의 낱말

별안간	뜻	갑작스럽고 아주 짧은 동안
	비	졸지, 순식간, 졸창간
	반	
	쓰	별안간 일어난 일

♣ 오늘의 낱말을 넣어 문장을 만들어 봐요

예시 별안간 건물이 흔들리더니 사람들이 비명을 질렀다.

내가 만든 문장

 나도 작가

♣ 낱말을 바꿔 써봐요

바위나리는 별안간 불어온 (모진) 바람에 그만 바다로 '휙' 날려 가고 말았습니다.

예시 바위나리는 별안간 불어온 (거센) 바람에 그만 바다로 '휙' 날려 가고 말았습

니다.

내가 바꾼 낱말 바위나리는 별안간 불어온 (

) 바람에 그만 바다로 '휙' 날려 가고 말았습니다.

♣ 문장을 바꿔 이어 써봐요

이튿날에도, 그 이튿날에도 아기별은 보이지 않았습니다.

바위나리의 병은 점점 깊어 갔습니다.

예시 (하루 종일 잠들어 있기 일쑤였습니다.)

내가 바꾼 문장 (

)

간신히 감장 돌에 몸을 의지하고 있던 바위나리는 별안간 불어온 모진

바람에 그만 바다로 '휙' 날려 가고 말았습니다.

거인 부벨라와 지렁이 친구

부벨라는 예전에 보았던 아름다운 정원이 생각났어요.

어쩌면 그곳에서 일하는 정원사는 지렁이가 무엇을 먹고 사는지 알고 있을지도 몰라요.

부벨라는 서둘러 그 정원으로 갔어요.

그런데 정원사는 거인 부벨라가 오는데도 놀라지 않고 그저 물끄러미 바라보기만 했어요.

3-2 『국어』 1단원 '거인 부벨라와 지렁이 친구' 중에서
출처 『거인 부벨라와 지렁이 친구』 ©조 프리드먼 글 | 샘 차일즈 그림 | 지혜연 옮김 | 주니어RHK

예쁘게 따라 써봐요 ▶

부	벨	라	는		예	전	에		보	았	던		아	름
다	운		정	원	이		생	각	났	어	요	.		
어	쩌	면		그	곳	에	서		일	하	는		정	원
사	는		지	렁	이	가		무	엇	을		먹	고	
사	는	지		알	고		있	을	지	도		몰	라	요 . ∨
부	벨	라	는		서	둘	러		그		정	원	으	로 ∨
갔	어	요	.											
그	런	데		정	원	사	는		거	인		부	벨	라

가		오	는	데	도		놀	라	지		않	고		그
저		물	끄	러	미		바	라	보	기	만		했	어
요	.													

✦ 오늘의 낱말을 익혀요 ▶

♣ 오늘의 낱말

물끄러미	뜻	우두커니 한 곳만 바라보는 모양
	비	말끄러미, 멀거니
	반	
	쓰	물끄러미 바라보다.

♣ 오늘의 낱말을 넣어 문장을 만들어 봐요

예시 친구는 말 없이 물끄러미 나를 쳐다보았다.

내가 만든 문장

나도 작가

♣ 낱말을 바꿔 써봐요

부벨라는 (서둘러) 그 정원으로 갔어요.

예시 부벨라는 (허둥지둥) 그 정원으로 갔어요.

내가 바꾼 낱말 부벨라는 (   ) 그 정원으로 갔어요.

♣ 문장을 바꿔 이어 써봐요

부벨라는 예전에 보았던 아름다운 정원이 생각났어요.

어쩌면 그곳에서 일하는 정원사는 지렁이가 무엇을 먹고 사는지 알고 있을지
도 몰라요.

부벨라는 서둘러 그 정원으로 갔어요.

예시 (그런데 아무리 둘러봐도 정원사가 보이지 않았어요. 어디를 간 것일

까요?)

내가 바꾼 문장 (

)

22 갯벌을 보존해야 하는 까닭

갯벌의 환경은 특별하고 다양합니다.

갯벌과 그 속에 사는 여러 생물은 자연과 사람을 위해 좋은 역할을 많이 합니다.

그러므로 갯벌은 쓸모없는 땅이 아니라 우리와 함께 살아가는 소중한 장소입니다.

소중한 갯벌을 잘 보존해야겠습니다.

3-2 『국어』2단원 '갯벌을 보존해야 하는 까닭' 중에서

⭐ 예쁘게 따라 써봐요 ▶

갯	벌	의		환	경	은		특	별	하	고		다	양
합	니	다	.											
갯	벌	과		그		속	에		사	는		여	러	
생	물	은		자	연	과		사	람	을		위	해	
좋	은		역	할	을		많	이		합	니	다	.	
그	러	므	로		갯	벌	은		쓸	모	없	는		땅
이		아	니	라		우	리	와		함	께		살	아
가	는		소	중	한		장	소	입	니	다	.		

소중한 갯벌을 잘 보존해야겠습니다.

♣ 오늘의 낱말

갯벌	뜻	바닷물이 빠져나가는 썰물 때 육지로 드러나는 모래 점토질의 편평한 땅
	비	개펄, 개땅
	반	
	쓰	바다 생물들의 삶의 터전인 갯벌

♣ 오늘의 낱말을 넣어 문장을 만들어 봐요

예시　바닷물이 빠져나가자 검은 갯벌이 드러났다.

내가 만든 문장

 나도 작가

♣ 낱말을 바꿔 써봐요

갯벌은 쓸모없는 땅이 아니라 우리와 함께 살아가는 (소중한) 장소입니다.

예시 갯벌은 쓸모없는 땅이 아니라 우리와 함께 살아가는 (없어서는 안 되는) 장소

입니다.

내가 바꾼 낱말 갯벌은 쓸모없는 땅이 아니라 우리와 함께 살아가는 (

) 장소입니다.

♣ 문장을 바꿔 이어 써봐요

갯벌의 환경은 특별하고 다양합니다.

갯벌과 그 속에 사는 여러 생물은 자연과 사람을 위해 좋은 역할을 많이 합니다.

그러므로 갯벌은 쓸모없는 땅이 아니라 우리와 함께 살아가는 소중한 장소입

니다.

예시 (환경 오염으로 점점 사라져 가는 갯벌을 지키기 위해 노력해야겠습

니다.)

내가 바꾼 문장 (

)

23 날씨를 나타내는 토박이말

봄 날씨를 나타내는 토박이말에는 '꽃샘추위', '꽃샘바람', '소소리바람' 같은 말이 있다. 이른 봄, 꽃이 필 무렵에 찾아오는 추위를 '꽃샘추위'라고 한다. 여기서 '샘'은 시기, 질투라는 뜻이다. 그래서 '꽃샘추위'는 꽃이 피는 것을 시샘하듯 몰아닥친 추위라는 뜻이 된다. 꽃샘추위 때 부는 바람은 '꽃샘바람'인데, 이보다 차고 매서운 바람은 '소소리바람'이다.

3-2 『국어』 2단원 '날씨를 나타내는 토박이말' 중에서

▶ 예쁘게 따라 써봐요 ▶

봄		날	씨	를		나	타	내	는		토	박	이	말
에	는		'	꽃	샘	추	위	'	,		'	꽃	샘	바
람	'	,		'	소	소	리	바	람	'		같	은	
말	이		있	다	.		이	른		봄	,		꽃	이
필		무	렵	에		찾	아	오	는		추	위	를	
'	꽃	샘	추	위	'	라	고		한	다	.		여	기
서		'	샘	'	은		시	기	,		질	투	라	는
뜻	이	다	.		그	래	서		'	꽃	샘	추	위	'

는		꽃	이		피	는		것	을		시	샘	하	듯	∨
몰	아	닥	친		추	위	라	는		뜻	이		된	다	.	∨
꽃	샘	추	위		때		부	는		바	람	은			'
꽃	샘	바	람	'	인	데	,		이	보	다		차	고	∨
매	서	운		바	람	은		'	소	소	리	바	람	'	∨
이	다	.													

♣ 오늘의 낱말

토박이말	**뜻**	우리말에 본디부터 있던 말이나 그것에 기초하여 새로 만들어진 말
	비	순우리말, 고유어
	반	외래어
	쓰	아름다운 토박이말

♣ 오늘의 낱말을 넣어 문장을 만들어 봐요

예시 글을 쓸 때 되도록 토박이말을 써야 한다.

내가 만든 문장

♣ 낱말을 바꿔 써봐요

봄 날씨를 나타내는 (토박이말)에는 '꽃샘추위', '꽃샘바람', '소소리바람' 같은 말이 있다.

예시 봄 날씨를 나타내는 (순우리말)에는 '꽃샘추위', '꽃샘바람', '소소리바람' 같은

말이 있다.

내가 바꾼 낱말 봄 날씨를 나타내는 (　　　　　　　　　　　　　　　　　　　)

에는 '꽃샘추위', '꽃샘바람', '소소리바람' 같은 말이 있다.

♣ 문장을 바꿔 이어 써봐요

이른 봄, 꽃이 필 무렵에 찾아오는 추위를 '꽃샘추위'라고 한다. 여기서 '샘'은
시기, 질투라는 뜻이다. 그래서 '꽃샘추위'는 꽃이 피는 것을 시샘하듯 몰아닥
친 추위라는 뜻이 된다. 예시 (우리 선조들의 자연을 바라보는 따뜻한 시선

이 담겨 있는 말이다.)

내가 바꾼 문장 (　　　　　　　　　　　　　　　　　　　)

24 옷차림이 바뀌었어요

옛날과 오늘날 사람들의 옷차림에는 차이가 많이 있다.

사람들은 옛날에 우리나라 고유한 옷인 한복을 입었다.

오늘날에는 서양 사람들이 입던 차림의 옷인 양복을 주로 입는다.

그리고 명절이나 결혼식같이 특별한 행사가 있을 때만 한복을 입는 경우가 많다.

3-2 『국어』 2단원 '옷차림이 바뀌었어요' 중에서

★ 예쁘게 따라 써봐요 ▶

옛	날	과		오	늘	날		사	람	들	의		옷	차
림	에	는		차	이	가		많	이		있	다	.	
사	람	들	은		옛	날	에		우	리	나	라		고
유	한		옷	인		한	복	을		입	었	다	.	
오	늘	날	에	는		서	양		사	람	들	이		입
던		차	림	의		옷	인		양	복	을		주	로
입	는	다	.											
그	리	고		명	절	이	나		결	혼	식	같	이	

| 특 | 별 | 한 | | 행 | 사 | 가 | | 있 | 을 | | 때 | 만 | | 한 |
| 복 | 을 | | 입 | 는 | | 경 | 우 | 가 | | 많 | 다 | . | | |

♣ 오늘의 낱말

고유한	뜻	본래부터 지니고 있어 특유한
	비	특유한
	반	일반적인
	쓰	고유한 문화

♣ 오늘의 낱말을 넣어 문장을 만들어 봐요

예시 한복은 우리나라의 고유한 옷이다.

내가 만든 문장

나도 작가

♣ 낱말을 바꿔 써봐요

옛날과 오늘날 사람들의 (옷차림에는) 차이가 많이 있다.

예시 옛날과 오늘날 사람들의 (생활 방식에는) 차이가 많이 있다.

내가 바꾼 낱말 옛날과 오늘날 사람들의 (

) 차이가 많이 있다.

♣ 문장을 바꿔 이어 써봐요

옛날과 오늘날 사람들의 옷차림에는 차이가 많이 있다.

사람들은 옛날에 우리나라 고유한 옷인 한복을 입었다.

오늘날에는 서양 사람들이 입던 차림의 옷인 양복을 주로 입는다.

예시 (그리고 한복은 아주 특별한 때나 입는 옷으로 전락해 버렸다.)

내가 바꾼 문장 (

)

25 과일, 알고 먹으면 더 좋아요

복숭아는 단물이 많고 맛이 좋아요.

그런데 쉽게 짓물러서 오래 두고 먹지 못해요.

그래서 설탕을 넣고 졸여서 통조림이나 잼으로 만들어 먹기도 해요.

복숭아씨는 약으로도 쓴답니다.

기침이 많이 나거나 가래가 생겼을 때 복숭아씨를 갈아서 먹어요.

3-2 『국어 활동』 2단원 '과일, 알고 먹으면 더 좋아요' 중에서
출처 | 『가자, 달팽이 과학관』 | 보리 편집부 글 | 권혁도 그림 | 보리

★ 예쁘게 따라 써봐요 ▶

복	숭	아	는		단	물	이		많	고		맛	이
좋	아	요	.										
그	런	데		쉽	게		짓	물	러	서		오	래
두	고		먹	지		못	해	요	.				
그	래	서		설	탕	을		넣	고		졸	여	서
통	조	림	이	나		잼	으	로		만	들	어	먹
기	도		해	요	.								
복	숭	아	씨	는		약	으	로	도		쓴	답	니	다	. ∨

기	침	이		많	이		나	거	나		가	래	가
생	겼	을		때			복	숭	아	씨	를		갈	아	서	∨
먹	어	요	.

♣ 오늘의 낱말

짓무르다	뜻	과일이 너무 썩거나 무르거나 하여 물크러지다. 살갗이 헐어서 문드러지다.
	비	무르다, 문드러지다, 헐다
	반	
	쓰	피부가 짓무르다.

♣ 오늘의 낱말을 넣어 문장을 만들어 봐요

예시   손바닥에 생긴 물집이 짓물러 터졌다.

내가 만든 문장

나도 작가

♣ 낱말을 바꿔 써봐요

쉽게 (짓물러서) 오래 두고 먹지 못해요.

쉽게 (상해서) 오래 두고 먹지 못해요.

쉽게 (   ) 오래 두고 먹지 못해요.

♣ 문장을 바꿔 이어 써봐요

예시 (제가 제일 좋아하는 여름 과일은 복숭아예요.)

내가 바꾼 문장 (

)

그런데 쉽게 짓물러서 오래 두고 먹지 못해요.

그래서 설탕을 넣고 졸여서 통조림이나 잼으로 만들어 먹기도 해요.

복숭아씨는 약으로도 쓴답니다.

기침이 많이 나거나 가래가 생겼을 때 복숭아씨를 갈아서 먹어요.

26 축복을 전해 주는 참새

지금은 환경 오염 등으로 자연이 훼손되면서 참새가 많이 사라졌습니다.

하지만 아직도 참새는 가장 흔하게 볼 수 있는 새입니다.

곡식이 익어 갈 때면 허수아비를 세워야 할 만큼 농부들에게는 여전히 골칫거리입니다.

중국 청나라 때는 '참새 무리' 그림이 축복을 전해 주는 그림으로 인기를 누렸습니다.

3-2 『국어 활동』 2단원 '축복을 전해 주는 참새' 중에서

출처 | 『꽃과 새, 선비의 마음』 | 고연희 글 | 보림

✚ 예쁘게 따라 써봐요 ▶

지	금	은		환	경		오	염		등	으	로		자	
연	이		훼	손	되	면	서		참	새	가		많	이	∨
사	라	졌	습	니	다	.									
하	지	만		아	직	도		참	새	는		가	장		
흔	하	게		볼		수		있	는		새	입	니	다	. ∨
곡	식	이		익	어		갈		때	면		허	수	아	
비	를		세	워	야		할		만	큼		농	부	들	
에	게	는		여	전	히		골	칫	거	리	입	니	다	. ∨

중	국		청	나	라		때	는		'	참	새		무
리	'			그	림	이		축	복	을		전	해	주
는			그	림	으	로		인	기	를		누	렸	습	니
다	.													

♣ **오늘의 낱말**

훼손되다	뜻	헐리거나 깨져 못 쓰게 되다.
	비	파손되다, 파괴되다, 깎이다
	반	
	쓰	자연이 훼손되다.

♣ **오늘의 낱말을 넣어 문장을 만들어 봐요**

예시　무분별한 개발로 자연이 크게 훼손되고 있다.

내가 만든 문장

 나도 작가

♣ **낱말을 바꿔 써봐요**

하지만 아직도 참새는 가장 (흔하게) 볼 수 있는 새입니다.

하지만 아직도 참새는 가장 (쉽게) 볼 수 있는 새입니다.

내가 바꾼 낱말 하지만 아직도 참새는 가장 (

) 볼 수 있는 새입니다.

♣ 문장을 바꿔 이어 써봐요

예시 (도심에서 새를 보기 힘들어졌습니다.)

내가 바꾼 문장 (

)

하지만 아직도 참새는 가장 흔하게 볼 수 있는 새입니다.

곡식이 익어 갈 때면 허수아비를 세워야 할 만큼 농부들에게는 여전히 골칫거리입니다.

중국 청나라 때는 '참새 무리' 그림이 축복을 전해 주는 그림으로 인기를 누렸습니다.

27 동생이 아파요

"주혁이가 열이 많이 나는구나. 아무래도 장염에 걸린 것 같다."

아빠께서 걱정스럽게 말씀하셨다.

주혁이는 얼굴을 찡그리며 힘들어했다.

아빠께서 병원에 갈 채비를 하시는 동안 나는 주혁이 옆에 앉아 있었다.

"누나, 나 아파."

3-2 『국어』 3단원 **'동생이 아파요'** 중에서

예쁘게 따라 써봐요 ▶

"주혁이가 열이 많이 나는구
나. 아무래도 장염에 걸린
것 같다."
아빠께서 걱정스럽게 말씀하셨
다.
주혁이는 얼굴을 찡그리며 힘
들어했다.
아빠께서 병원에 갈 채비를

하	시	는		동	안		나	는		주	혁	이		옆
에		앉	아		있	었	다	.						
"	누	나	,		나		아	파	.	"				

★ 오늘의 낱말을 익혀요 ▶

♣ 오늘의 낱말

채비	뜻	어떤 일을 하기 위해 필요한 물건이나 자세 등을 미리 갖추어 차림
	비	준비, 대비, 잡도리
	반	
	쓰	채비하다. 채비를 끝내다.

♣ 오늘의 낱말을 넣어 문장을 만들어 봐요

예시   엄마는 여행 갈 채비를 하느라 정신이 없었다.

내가 만든 문장

 나도 작가

♣ 낱말을 바꿔 써봐요

아빠께서 병원에 갈 (채비를) 하시는 동안 나는 주혁이 옆에 앉아 있었다.

예시 아빠께서 병원에 갈 (준비를) 하시는 동안 나는 주혁이 옆에 앉아 있었다.

내가 바꾼 낱말 아빠께서 병원에 갈 (   )

하시는 동안 나는 주혁이 옆에 앉아 있었다.

♣ 문장을 바꿔 이어 써봐요

"주혁이가 열이 많이 나는구나. 아무래도 장염에 걸린 것 같다."

예시 (아빠께서 주혁이를 이리저리 살피며 말씀하셨다.)

내가 바꾼 문장 (

)

주혁이는 얼굴을 찡그리며 힘들어했다.

아빠께서 병원에 갈 채비를 하시는 동안 나는 주혁이 옆에 앉아 있었다.

"누나, 나 아파."

28 현장 체험학습 가는 날

치즈 만들기 체험장에서는 치즈와 관련된 영상을 보았다.

영상을 보고 나서 본격적으로 치즈 만들기를 시작했다.

조몰락조몰락하며 치즈를 만드는 모습이 체험장을 가득 채웠다.

친구들은 모두 밝은 표정으로 신바람이 나 있었다.

현장 체험학습은 새로운 것을 체험할 수 있어서 좋다.

3-2 『국어 활동』 3단원 '현장 체험학습 가는 날' 중에서

★ 예쁘게 따라 써봐요 ▶

치	즈		만	들	기		체	험	장	에	서	는		치
즈	와		관	련	된		영	상	을		보	았	다	.	∨
영	상	을		보	고		나	서		본	격	적	으	로	∨
치	즈		만	들	기	를		시	작	했	다	.
조	몰	락	조	몰	락	하	며		치	즈	를		만	드
는		모	습	이		체	험	장	을		가	득		채
웠	다	.
친	구	들	은		모	두		밝	은		표	정	으	로	∨

신	바	람	이		나		있	었	다	.					
현	장			체	험	학	습	은		새	로	운		것	을	∨
체	험	할			수		있	어	서			좋	다	.		

◆ 오늘의 낱말을 익혀요 ▶

♣ 오늘의 낱말

본격적으로	뜻	일의 진행 상태가 제 궤도에 올라 매우 활발하게
	비	적극적으로, 전면적으로
	반	소극적으로, 미온적으로
	쓰	본격적으로 시작하다.

♣ 오늘의 낱말을 넣어 문장을 만들어 봐요

예시 준비 운동을 마친 후에 본격적으로 운동을 시작했다.

내가 만든 문장

 나도 작가

♣ 낱말을 바꿔 써봐요

(조몰락조몰락하며) 치즈를 만드는 모습이 체험장을 가득 채웠다.

예시 (꼼지락꼼지락하며) 치즈를 만드는 모습이 체험장을 가득 채웠다.

내가 바꾼 낱말 (   ) 치즈를

만드는 모습이 체험장을 가득 채웠다.

♣ 문장을 바꿔 이어 써봐요

치즈 만들기 체험장에서는 치즈와 관련된 영상을 보았다.

영상을 보고 나서 본격적으로 치즈 만들기를 시작했다.

조몰락조몰락하며 치즈를 만드는 모습이 체험장을 가득 채웠다.

친구들은 모두 밝은 표정으로 신바람이 나 있었다.

예시 (내가 만든 치즈는 무슨 맛일까? 빨리 먹어 보고 싶어졌다.)

내가 바꾼 문장 (

)

29 공을 차다가

공을 차다가 그만 햇빛을 뻥! 차 버렸어요.

운동화가 우아! 하고 한참 솟구쳐 오를 때

친구는 공 몰고 어느새 골문까지 간걸요.

20   년   월   일

3-2 『국어』 4단원 **'공을 차다가'** 중에서

출처 | 『어쩌면 저기 저 나무에만 둥지를 틀었을까』 | 「공을 차다가」 | 이정환 글 | 강나래 외 그림 | 푸른책들

◆ **예쁘게 따라 쓰기** ▶

공	을		차	다	가		그	만		햇	빛	을		뻥	!	∨
차		버	렸	어	요	.										
운	동	화	가		우	아	!		하	고		한	참			
솟	구	쳐		오	를		때									
친	구	는		공		몰	고		어	느	새		골	문		
까	지		간	걸	요	.										

098

♣ 오늘의 낱말

솟구치다	뜻	안에서 밖으로, 혹은 아래에서 위로 세차게 솟아오르다.
	비	솟아나다, 샘솟다, 솟다, 쏟아지다
	반	
	쓰	분노가 솟구치다.

♣ 오늘의 낱말을 넣어 문장을 만들어 봐요

예시 잘하고 싶은 마음이 솟구쳐 올랐다.

내가 만든 문장

나도 작가

♣ 낱말을 바꿔 써봐요

운동화가 (우아!) 하고 한참 솟구쳐 오를 때

예시 운동화가 (핑) 하고 한참 솟구쳐 오를 때

내가 바꾼 낱말 운동화가 (   ) 하고 한참 솟구쳐 오를 때

♣ 문장을 바꿔 이어 써봐요

공을 차다가 예시 (허공으로 공을 날려 버렸어요.)
_____

공을 차다가 내가 바꾼 문장 (
_____

)
_____

운동화가 우아! 하고 한참 솟구쳐 오를 때
친구는 공 몰고 어느새 골문까지 간걸요.

30 지구도 대답해 주는구나

강가 고운 모래밭에서 발가락 옴지락거려 두더지처럼 파고들었다.

지구가 간지러운지 굼질굼질 움직였다.

아, 내 작은 신호에도 지구는 대답해 주는구나.

그 큰 몸짓에 이 조그마한 발짓 그래도 지구는 대답해 주는구나.

3-2 『국어』 4단원 '지구도 대답해 주는구나' 중에서
출처 | 『눈코귀입손!』 | 「지구도 대답해 주는구나」 | 박행신 글 | 이동진 그림 | 해와나무 출판사

★ 예쁘게 따라 써봐요 ▶

강	가		고	운		모	래	밭	에	서		발	가	락		∨
옴	지	락	거	려		두	더	지	처	럼		파	고	들		
었	다	.														
지	구	가		간	지	러	운	지		굼	질	굼	질			
움	직	였	다	.												
아	,		내		작	은		신	호	에	도		지	구		
는		대	답	해		주	는	구	나	.						
그		큰		몸	짓	에		이		조	그	마	한			

발	짓		그	래	도		지	구	는		대	답	해	
주	는	구	나	.										

♣ 오늘의 낱말

옴지락거리다	뜻	작은 것이 느릿느릿 자꾸 움직이다.
	비	움지럭거리다, 옴지락옴지락하다
	반	
	쓰	발가락을 옴지락거리다.

♣ 오늘의 낱말을 넣어 문장을 만들어 봐요

예시   친구는 발가락이 간지러운지 자꾸 옴지락거렸다.

─────────────────────────────

내가 만든 문장

─────────────────────────────

─────────────────────────────

나도 작가

♣ 낱말을 바꿔 써봐요

강가 고운 모래밭에서 발가락 옴지락거려 (두더지처럼) 파고들었다.

─────────────────────────────

예시 강가 고운 모래밭에서 발가락 옴지락거려 (땅강아지처럼) 파고들었다.

내가 바꾼 낱말 강가 고운 모래밭에서 발가락 옴지락거려 (

) 파고들었다.

♣ 문장을 바꿔 이어 써봐요

강가 고운 모래밭에서 발가락 옴지락거려 두더지처럼 파고들었다.

예시 (내 발가락을 따뜻하게 감싸 주는 모래알들.)

내가 바꾼 문장 (

)

아, 내 작은 신호에도 지구는 대답해 주는구나.
그 큰 몸짓에 이 조그마한 발짓 그래도 지구는 대답해 주는구나.

31 진짜 투명인간

블링크 아저씨에게 알려 주기 위해 나는 색깔을 떠올리는 것을 찾아봤어요.

가장 초록색인 것은 맨발로 걸을 때 발가락 사이로 살살 삐져나오는 촉촉한 풀잎이에요

가장 붉은색인 것은 할아버지 밭에서 나는 토마토 맛이에요.

가장 푸른색인 것은 옆집 수영장에서 헤엄치는 것이에요.

가장 흰 것은 여름에 푹 자고 열 시쯤에 일어났을 때예요.

3-2 『국어』 4단원 '진짜 투명인간' 중에서

출처 | 『진짜 투명인간』 | 레미 쿠르종 글 | 이정주 옮김 | 씨드북㈜

★ 예쁘게 따라 써봐요 ▶

블	링	크		아	저	씨	에	게		알	려		주	기	∨
위	해		나	는		색	깔	을		떠	올	리	는	
것	을		찾	아	봤	어	요	.						
가	장		초	록	색	인		것	은		맨	발	로	
걸	을		때		발	가	락		사	이	로		살	살	∨
삐	져	나	오	는		촉	촉	한		풀	잎	이	에	요	. ∨
가	장		붉	은	색	인		것	은		할	아	버	지	∨
밭	에	서		나	는		토	마	토		맛	이	에	요	. ∨

가장 푸른색인 것은 옆집 수
영장에서 헤엄치는 것이에요.
가장 흰 것은 여름에 푹 자
고 열 시쯤에 일어났을 때예
요.

♣ 오늘의 낱말

삐져나오다	뜻	속에 있던 것이 밖으로 불거져 나오다.
	비	
	반	
	쓰	속옷이 삐져나오다.

♣ 오늘의 낱말을 넣어 문장을 만들어 봐요

예시 속옷이 삐져나온 줄도 모르고 하루 종일 돌아다녔다.

내가 만든 문장

♣ **낱말을 바꿔 써봐요**

가장 붉은색인 것은 할아버지 밭에서 나는 (토마토) 맛이에요.

예시 가장 붉은색인 것은 할아버지 밭에서 나는 (수박) 맛이에요.

내가 바꾼 낱말 가장 붉은색인 것은 할아버지 밭에서 나는 (

) 맛이에요.

♣ **문장을 바꿔 이어 써봐요**

블링크 아저씨에게 알려 주기 위해 나는 색깔을 떠올리는 것을 찾아봤어요.

가장 초록색인 것은 맨발로 걸을 때 발가락 사이로 살살 삐져나오는 촉촉한 풀 잎이에요

가장 붉은색인 것은 할아버지 밭에서 나는 토마토 맛이에요.

가장 푸른색인 것은 옆집 수영장에서 헤엄치는 것이에요.

가장 흰 것은 예시 (포대기 아래 삐죽 튀어 나와 있는 아이 발이에요.)

가장 흰 것은 내가 바꾼 문장 (

)

32 나무 타령

나무나무 무슨 나무

따끔따끔 가시나무 갓난아기 자작나무

앵돌아져 앵두나무 동지섣달 사시나무

바람 솔솔 솔나무 방귀 뀌는 뽕나무

입 맞추자 쪽나무 낮에 봐도 밤나무

3-2 『국어 활동』 4단원 '**나무 타령**' 중에서

★ 예쁘게 따라 써봐요 ▶

나	무	나	무		무	슨		나	무			
따	끔	따	끔		가	시	나	무		갓	난	아	기
자	작	나	무									
앵	돌	아	져		앵	두	나	무		동	지	섣	달
사	시	나	무									
바	람		솔	솔		솔	나	무		방	귀		뀌	는	∨
뽕	나	무										
입		맞	추	자		쪽	나	무		낮	에		봐	도	∨

107

| 밤 | 나 | 무 | | | | | | | |

♣ 오늘의 낱말

앵돌아지다	뜻	화가 나서 토라지다.
	비	토라지다, 삐치다.
	반	
	쓰	앵돌아진 표정

♣ 오늘의 낱말을 넣어 문장을 만들어 봐요

예시 엄마는 앵돌아져 이불을 덮고 누워 버렸다.

내가 만든 문장

나도 작가

♣ 낱말을 바꿔 써봐요

바람 솔솔 솔나무 (방귀 뀌는) 뽕나무

예시 바람 솔솔 솔나무 (노래 부르는) 뽕나무

내가 바꾼 낱말 바람 솔솔 솔나무 (   ) 뽕나무

♣ 문장을 바꿔 이어 써봐요

나무나무 무슨 나무

따끔따끔 가시나무 갓난아기 자작나무

앵돌아져 앵두나무 동지섣달 사시나무

바람 솔솔 솔나무 방귀 뀌는 뽕나무

예시 (똥 냄새 은행나무 호기심 대장 아왜나무)

내가 바꾼 문장 (

)

33 초승달아

초승달아 초승달아 무엇이 되련? 풀 베는 아저씨 낫이 되련다.

초승달아 초승달아 무엇이 되련? 어여쁜 언니 머리빗이 되련다.

초승달아 초승달아 무엇이 되련? 귀여운 아가 꼬까신이 되련다.

3-2 『국어 활동』 4단원 '**초승달아**' 중에서

★ 예쁘게 따라 써봐요 ▶

초	승	달	아		초	승	달	아		무	엇	이		되
련	?		풀		베	는		아	저	씨		낫	이	
되	련	다	.											
초	승	달	아		초	승	달	아		무	엇	이		되
련	?		어	여	쁜		언	니		머	리	빗	이	
되	련	다	.											
초	승	달	아		초	승	달	아		무	엇	이		되
련	?		귀	여	운		아	가		꼬	까	신	이	

되	련	다	.									

♣ 오늘의 낱말

초승달	뜻	음력으로 매월 첫째 날부터 며칠 동안
	비	신월, 각월
	반	
	쓰	초승달 같은 눈썹

♣ 오늘의 낱말을 넣어 문장을 만들어 봐요

예시   내 동생의 눈썹은 초승달처럼 예쁘게 생겼다.

내가 만든 문장

♣ 낱말을 바꿔 써봐요

초승달아 초승달아 무엇이 되련? (어여쁜 언니 머리빗이) 되련다.

예시　초승달아 초승달아 무엇이 되련? (예쁜 새색시 눈이) 되련다.

내가 바꾼 낱말　초승달아 초승달아 무엇이 되련? (

) 되련다.

♣ 문장을 바꿔 이어 써봐요

초승달아 초승달아 무엇이 되련? 풀 베는 아저씨 낫이 되련다.

초승달아 초승달아 무엇이 되련? 어여쁜 언니 머리빗이 되련다.

초승달아 초승달아 무엇이 되련?　예시　(귀여운 아기 요람이 되련다.)

초승달아 초승달아 무엇이 되련?　내가 바꾼 문장　(

)

34 꼴찌라도 괜찮아!

아무도 기찬이를 응원하지 않고 딴전을 부렸어요.

기찬이는 이를 악물고 뛰었어요.

하지만 점점 뒤처지기만 할 뿐이었어요.

이미 백군의 마지막 선수가 달리고 있었어요.

하지만 기찬이는 반 바퀴도 채 뛰지 못하고 있었어요.

3-2 『국어』 6단원 '꼴찌라도 괜찮아!' 중에서
출처 | 『꼴찌라도 괜찮아!』 | 유계영 글 | 김중석 그림 | 휴이넘

✎ 예쁘게 따라 써봐요 ▶

아	무	도		기	찬	이	를		응	원	하	지		않
고		딴	전	을		부	렸	어	요	.				
기	찬	이	는		이	를		악	물	고		뛰	었	어
요	.													
하	지	만		점	점		뒤	처	지	기	만		할	
뿐	이	었	어	요	.									
이	미		백	군	의		마	지	막		선	수	가	
달	리	고		있	었	어	요	.						

| 하 | 지 | 만 | | 기 | 찬 | 이 | 는 | | 반 | | 바 | 퀴 | 도 |
| 채 | | 뛰 | 지 | | 못 | 하 | 고 | | 있 | 었 | 어 | 요 | . |

◆ 오늘의 낱말을 익혀요 ▶

♣ 오늘의 낱말

딴전	뜻	어떤 일을 하는 데 그 일과는 전혀 관계없는 일이나 행동
	비	딴청, 딴죽, 오리발
	반	
	쓰	딴전을 부리다.

♣ 오늘의 낱말을 넣어 문장을 만들어 봐요

예시 친구는 내 말에 대답은 하지 않고 자꾸 딴전만 부렸다.

내가 만든 문장

 나도 작가

♣ 낱말을 바꿔 써봐요

아무도 기찬이를 응원하지 않고 (딴전을 부렸어요.)

114

아무도 기찬이를 응원하지 않고 (조용했어요.)

아무도 기찬이를 응원하지 않고 (

)

♣ 문장을 바꿔 이어 써봐요

아무도 기찬이를 응원하지 않고 딴전을 부렸어요.

기찬이는 예시 (젖 먹던 힘을 다해 뛰었어요.)

기찬이는 내가 바꾼 문장 (

)

하지만 점점 뒤처지기만 할 뿐이었어요.

이미 백군의 마지막 선수가 달리고 있었어요.

하지만 기찬이는 반 바퀴도 채 뛰지 못하고 있었어요.

35 마음을 전하는 우리 반 행사에 많이 참여해 주세요

우리 학교 전교 어린이회에서는 2학기를 맞이해 10월에 어떤 행사를 하면 좋을지 의논했습니다. 회의 시간에 각 학년 학생들은 각자 하고 싶은 행사를 많이 추천해 주었습니다. 그 가운데에서 전교 어린이회에서는 '마음을 전하는 우리 반' 행사를 함께하기로 결정했습니다. '마음을 전하는 우리 반'은 자신의 마음을 다른 사람에게 전하는 행사입니다.

3-2 『국어』 6단원 '마음을 전하는 우리 반 행사에 많이 참여해 주세요' 중에서

★ 예쁘게 따라 써봐요 ▶

우	리		학	교		전	교		어	린	이	회	에	서	
는		2	학	기	를		맞	이	해		10	월	에		
어	떤		행	사	를		하	면		좋	을	지		의	
논	했	습	니	다	.		회	의		시	간	에		각	∨
학	년		학	생	들	은		각	자		하	고		싶	
은		행	사	를		많	이		추	천	해		주	었	
습	니	다	.		그		가	운	데	에	서		전	교	∨
어	린	이	회	에	서	는		'	마	음	을		전	하	

116

는		우	리		반	'		행	사	를		함	께	하
기	로			결	정	했	습	니	다	.		'	마	음	을
전	하	는			우	리		반	'	은		자	신	의
마	음	을		다	른		사	람	에	게		전	하	는
행	사	입	니	다	.									

◆ 오늘의 낱말을 익혀요 ▶

♣ 오늘의 낱말

의논하다	뜻	어떤 일에 대해 서로 의견을 주고받다.
	비	논의하다, 토론하다, 협상하다, 상의하다, 토의하다
	반	
	쓰	서로 의논하다. 물어서 의논하다.

♣ 오늘의 낱말을 넣어 문장을 만들어 봐요

예시 학원 문제로 엄마랑 오랜 시간 의논했다.

내가 만든 문장

♣ 낱말을 바꿔 써봐요

2학기를 맞이해 10월에 어떤 행사를 하면 좋을지 (의논)했습니다.

예시 2학기를 맞이해 10월에 어떤 행사를 하면 좋을지 (토론)했습니다.

내가 바꾼 낱말 2학기를 맞이해 10월에 어떤 행사를 하면 좋을지 (

)했습니다.

♣ 문장을 바꿔 이어 써봐요

우리 학교 전교 어린이회에서는 2학기를 맞이해 10월에 어떤 행사를 하면 좋
을지 의논했습니다.

회의 시간에 각 학년 학생들은 각자 하고 싶은 행사를 많이 추천해 주었습니다.

그 가운데에서 전교 어린이회에서는 '마음을 전하는 우리 반' 행사를 함께하기
로 결정했습니다.

'마음을 전하는 우리 반'은 예시 (감사의 마음을 표현해 보는 행사입니다.)

'마음을 전하는 우리 반'은 내가 바꾼 문장 (

)

36 바위나리와 아기별의 우정

나는 이 책에서 바위나리를 그리워하며 울다가 빛을 잃은 아기별이 하늘 나라에서 쫓겨나 바다로 떨어진 장면이 가장 기억에 남는다.

왜냐하면 살아 있을 때에는 만나지 못하다가 죽은 뒤에야 같이 있을 수 있게 된 것이 너무 슬펐기 때문이다.

바위나리는 몸이 아파 아기별을 만나지 못해 너무 슬펐다.

얼마나 슬펐으면 가슴이 미어졌을까?

3-2 『국어』 7단원 '바위나리와 아기별의 우정' 중에서

▸ 예쁘게 따라 써봐요 ▶

나	는		이		책	에	서		바	위	나	리	를	
그	리	워	하	며		울	다	가		빛	을		잃	은	∨
아	기	별	이		하	늘		나	라	에	서		쫓	겨	
나		바	다	로		떨	어	진		장	면	이		가	
장		기	억	에		남	는	다	.						
왜	냐	하	면		살	아		있	을		때	에	는		
만	나	지		못	하	다	가		죽	은		뒤	에	야	∨
같	이		있	을		수		있	게		된		것	이	∨

너무 슬펐기 때문이다.
바위나리는 몸이 아파 아기별
을 만나지 못해 너무 슬펐다.ᐯ
얼마나 슬펐으면 가슴이 미어
졌을까?

♣ 오늘의 낱말

미어지다	뜻	찢어질 듯한 아픔이나 슬픔을 느끼다.
	비	찢어지다, 문드러지다
	반	
	쓰	가슴이 미어지다.

♣ 오늘의 낱말을 넣어 문장을 만들어 봐요

예시 할아버지가 돌아가셨다는 소식에 내 가슴이 미어졌다.

내가 만든 문장

♣ 낱말을 바꿔 써봐요

바위나리는 몸이 아파 아기별을 만나지 못해 (너무 슬펐다.)

예시   바위나리는 몸이 아파 아기별을 만나지 못해 (매우 속상했다.)

내가 바꾼 낱말   바위나리는 몸이 아파 아기별을 만나지 못해 (

)

♣ 문장을 바꿔 이어 써봐요

나는 이 책에서 바위나리를 그리워하며 울다가 빛을 잃은 아기별이 하늘 나라에서 쫓겨나 바다로 떨어진 장면이 가장 기억에 남는다.

왜냐하면 살아 있을 때에는 만나지 못하다가 죽은 뒤에야 같이 있을 수 있게 된 것이 너무 슬펐기 때문이다.

바위나리는 몸이 아파 아기별을 만나지 못해 너무 슬펐다.

예시   (만나고 싶은데 만나지 못할 때 얼마나 슬플까?)

내가 바꾼 문장   (

)

37 산꼭대기에 열차가?

바닷속을 마음껏 다닐 수 있는 잠수함이 처음부터 있었겠어?

『해저 2만 리』라는 책이 쓰일 때만 해도 잠수함은 존재하지 않았지.

하지만 바닷속을 다니는 잠수함을 상상했기 때문에 잠수함이 현실에 생겨난 거야.

작은 일이지만 호기심을 가지고 끊임없이 상상하면 이 세상을 바꿀 수도 있단다.

3-2 『국어 활동』7단원 '산꼭대기에 열차가?' 중에서
출처 | 『아인슈타인 아저씨네 탐정 사무소』| 김대조 글 | 소윤경 그림 | 주니어김영사

▶ 예쁘게 따라 써봐요 ▶

바닷속을 마음껏 다닐 수 있
는 잠수함이 처음부터 있었겠
어?
『해저 2만 리』라는 책이
쓰일 때만 해도 잠수함은 존
재하지 않았지.
하지만 바닷속을 다니는 잠수
함을 상상했기 때문에 잠수함

이		현	실	에		생	겨	난		거	야	.		
작	은		일	이	지	만		호	기	심	을		가	지
고		끊	임	없	이		상	상	하	면		이		세
상	을		바	꿀		수	도		있	단	다	.		

♣ 오늘의 낱말

끊임없이	뜻	사물이나 일이 없어지지 않고 늘 잇대어
	비	간단없이, 줄곧, 면면히, 하염없이
	반	
	쓰	끊임없이 노력하다.

♣ 오늘의 낱말을 넣어 문장을 만들어 봐요

예시 끊임없이 노력하여 마침내 시험에 합격했다.

내가 만든 문장

♣ 낱말을 바꿔 써봐요

바닷속을 다니는 잠수함을 (상상했기) 때문에 잠수함이 현실에 생겨난 거야.

예시 바닷속을 다니는 잠수함을 (떠올렸기) 때문에 잠수함이 현실에 생겨난 거야.

내가 바꾼 낱말 바닷속을 다니는 잠수함을 (

) 때문에 잠수함이 현실에 생겨난 거야.

♣ 문장을 바꿔 이어 써봐요

바닷속을 마음껏 다닐 수 있는 잠수함이 처음부터 있었겠어?

『해저 2만 리』라는 책이 쓰일 때만 해도 잠수함은 존재하지 않았지.

하지만 바닷속을 다니는 잠수함을 상상했기 때문에 잠수함이 현실에 생겨난

거야.

예시 (허무맹랑해 보이는 상상이) 이 세상을 바꿀 수도 있단다.

내가 바꾼 문장 (

) 이 세상을 바꿀 수도 있단다.

38 여러 가지 타악기

책에서 읽은 타악기 가운데에서 마라카스가 가장 기억에 남는다.

마라카스는 '마라카'라는 열매를 말려서 그 속에 말린 씨를 넣고 흔들어서 소리를 낸다.

'마라카'라는 열매가 있다니 참 신기했다.

책을 읽고 나서 나도 타악기를 하나 만들어 보고 싶다는 생각을 했다.

3-2 『국어 활동』7단원 '여러 가지 타악기' 중에서

★ 예쁘게 따라 써봐요 ▶

책	에	서		읽	은		타	악	기		가	운	데	에
서		마	라	카	스	가		가	장		기	억	에	
남	는	다	.											
마	라	카	스	는		'	마	라	카	'	라	는		열
매	를		말	려	서		그		속	에		말	린	
씨	를		넣	고		흔	들	어	서		소	리	를	
낸	다	.												
	'	마	라	카	'	라	는		열	매	가		있	다	니	∨

125

참		신	기	했	다	.								
책	을		읽	고		나	서		나	도		타	악	기
를		하	나		만	들	어		보	고		싶	다	는
생	각	을		했	다	.								

V

✦ 오늘의 낱말을 익혀요 ▶

♣ 오늘의 낱말

타악기	뜻	장구, 북처럼 두드려서 소리를 내는 악기를 통틀어 이르는 말
	비	고격악기
	반	
	쓰	타악기를 두들기다.

♣ 오늘의 낱말을 넣어 문장을 만들어 봐요

예시 손으로 두드리는 탬버린은 타악기의 한 가지이다.

내가 만든 문장

♣ 낱말을 바꿔 써봐요

'마라카'라는 열매가 있다니 참 (신기했다.)

예시 '마라카'라는 열매가 있다니 참 (놀라웠다.)

내가 바꾼 낱말 '마라카'라는 열매가 있다니 참 (

)

♣ 문장을 바꿔 이어 써봐요

책에서 읽은 타악기 가운데에서 마라카스가 가장 기억에 남는다.
마라카스는 '마라카'라는 열매를 말려서 그 속에 말린 씨를 넣고 흔들어서 소리
를 낸다.
'마라카'라는 열매가 있다니 참 신기했다.

예시 (어떻게 생겼을지 너무 궁금했다.)

내가 바꾼 문장 (

)

39 베짱베짱 베 짜는 베짱이

베짱이는 제 집에서 작은 베틀을 꺼내어 풀잎 위에 놓았습니다.

그러고는 별이 총총한 밤하늘 위로 다리 하나를 번쩍 들었습니다.

그러자 별빛들이 모여 가느다란 실 모양으로 합쳐졌습니다.

가느다란 별빛이 베짱이 다리 속으로 쏙 들어왔지요.

3-2 『국어』 8단원 '베짱베짱 베 짜는 베짱이' 중에서
출처 | 『이야기할아버지의 이상한 밤』 | 임혜령 글 | 류재수 그림 | 한림출판사

★ 예쁘게 따라 써봐요 ▶

베	짱	이	는		제		집	에	서		작	은		베
틀	을		꺼	내	어		풀	잎		위	에		놓	았
습	니	다	.											
그	러	고	는		별	이		총	총	한		밤	하	늘	∨
위	로		다	리		하	나	를		번	쩍		들	었
습	니	다	.											
그	러	자		별	빛	들	이		모	여		가	느	다
란		실		모	양	으	로		합	쳐	졌	습	니	다	. ∨

| 가 | 느 | 다 | 란 | | 별 | 빛 | 이 | | 베 | 짱 | 이 | | 다 | 리 | ∨ |
| 속 | 으 | 로 | | 쏙 | | 들 | 어 | 왔 | 지 | 요 | . | | | | |

♣ **오늘의 낱말**

총총하다	**뜻**	들어선 모양이 빽빽하다.
	비	빽빽하다, 촘촘하다, 배다
	반	흔하다
	쓰	별이 총총하다.

♣ **오늘의 낱말을 넣어 문장을 만들어 봐요**

예시 　밤하늘에 밝게 빛나는 총총한 별을 보니 기분이 좋다.

내가 만든 문장

나도 작가

♣ **낱말을 바꿔 써봐요**

별빛들이 모여 (가느다란) 실 모양으로 합쳐졌습니다.

예시 별빛들이 모여 (하트) 모양으로 합쳐졌습니다.

내가 바꾼 낱말 별빛들이 모여 (

) 모양으로 합쳐졌습니다.

♣ 문장을 바꿔 이어 써봐요

베짱이는 제 집에서 작은 베틀을 꺼내어 풀잎 위에 놓았습니다.

그러고는 별이 총총한 밤하늘 위로 다리 하나를 번쩍 들었습니다.

그러자 예시 (베짱이의 다리가 지나간 자리마다 별빛이 사라졌습니다.)

내가 바꾼 문장 (

)

가느다란 별빛이 베짱이 다리 속으로 쏙 들어왔지요.

40 감기약을 먹는 방법

날이 추워지면 감기에 걸리는 사람이 많아집니다.

몸을 따뜻하게 하고 푹 쉬면 금방 낫는 경우도 있지만, 감기 때문에 많이 아플

때에는 감기약을 먹어야 합니다.

어떻게 감기약을 먹어야 좋을까요?

먼저, 병원에서 의사와 충분하게 상담한 뒤 자신의 증세에 맞는 감기약을 처방

받습니다.

3-2 『국어』 8단원 '감기약을 먹는 방법' 중에서

✏️ 예쁘게 따라 써봐요 ▶

날	이		추	워	지	면		감	기	에		걸	리	는	∨
사	람	이		많	아	집	니	다	.						
몸	을		따	뜻	하	게		하	고		푹		쉬	면	∨
금	방		낫	는		경	우	도		있	지	만	,		
감	기		때	문	에		많	이		아	플		때	에	
는		감	기	약	을		먹	어	야		합	니	다	.	
어	떻	게		감	기	약	을		먹	어	야		좋	을	
까	요	?													

먼	저	,		병	원	에	서		의	사	와		충	분
하	게		상	담	한		뒤		자	신	의		증	세
에		맞	는		감	기	약	을		처	방	받	습	니
다	.													

♣ 오늘의 낱말

처방	뜻	병을 치료하기 위해 증상에 따라 약을 짓는 방법
	비	처방전, 처방서
	반	
	쓰	처방을 내리다. 처방을 쓰다.

♣ 오늘의 낱말을 넣어 문장을 만들어 봐요

예시   감기에 걸려 병원에서 처방을 받아 약을 먹었다.

내가 만든 문장

나도 작가

♣ 낱말을 바꿔 써봐요

병원에서 의사와 충분하게 상담한 뒤 (자신의 증세에) 맞는 감기약을 처방받습니다.

병원에서 의사와 충분하게 상담한 뒤 (증상에) 맞는 감기약을 처방받습니다.

병원에서 의사와 충분하게 상담한 뒤 (

) 맞는 감기약을 처방받습니다.

♣ 문장을 바꿔 이어 써봐요

날이 추워지면 감기에 걸리는 사람이 많아집니다.

몸을 따뜻하게 하고 푹 쉬면 금방 낫는 경우도 있지만, 감기 때문에 많이 아플 때에는 감기약을 먹어야 합니다.

어떻게 감기약을 먹어야 좋을까요?

먼저, (빈속에 약을 먹으면 안 됩니다.)

(

)

41 숨 쉬는 도시 쿠리치바

이튿날 아침, 환이는 아빠와 함께 쿠리치바시의 자전거 도로를 달렸습니다.

아빠의 등이 풍선을 집어넣은 것처럼 바람으로 풀럭입니다.

환이도 시원한 아침 바람을 몸에 가득 담고 신나게 달렸습니다.

"야호!"

환이가 소리쳤습니다.

3-2 『국어 활동』 8단원 '숨 쉬는 도시 쿠리치바' 중에서
출처 | 『숨 쉬는 도시 꾸리찌바』 | 안순혜 글 | 박혜선 그림 | 파란자전거

예쁘게 따라 써봐요 ▶

이	튼	날		아	침,		환	이	는		아	빠	와	∨
함	께		쿠	리	치	바	시	의		자	전	거		도
로	를		달	렸	습	니	다.							
아	빠	의		등	이		풍	선	을		집	어	넣	은	∨
것	처	럼		바	람	으	로		풀	럭	입	니	다.	
환	이	도		시	원	한		아	침		바	람	을	
몸	에		가	득		담	고		신	나	게		달	렸
습	니	다.												

"야호!"
환이가 소리쳤습니다.

♣ 오늘의 낱말

풀럭이다	뜻	바람에 날려 빠르게 나부끼다.
	비	펄럭이다, 나부끼다
	반	
	쓰	태극기가 풀럭이다.

♣ 오늘의 낱말을 넣어 문장을 만들어 봐요

예시   게양대의 태극기가 풀럭인다.

내가 만든 문장

나도 작가

♣ 낱말을 바꿔 써봐요

환이도 (시원한) 아침 바람을 몸에 가득 담고 신나게 달렸습니다.

예시 환이도 (상쾌한) 아침 바람을 몸에 가득 담고 신나게 달렸습니다.

내가 바꾼 낱말 환이도 (   )

아침 바람을 몸에 가득 담고 신나게 달렸습니다.

♣ 문장을 바꿔 이어 써봐요

이튿날 아침, 환이는 아빠와 함께 쿠리치바시의 자전거 도로를 달렸습니다.

예시 (바람 때문에 아빠의 등은 빵빵한 풍선처럼 부풀어 올랐습니다.)

내가 바꾼 문장 (

)

환이도 시원한 아침 바람을 몸에 가득 담고 신나게 달렸습니다.
"야호!"
환이가 소리쳤습니다.

42 대단한 줄다리기

다음 날, 해님이 오렌지색과 빨간색 햇살로 달님에게 길을 비키라는 경고를 보내기도 전에 무툴라는 자리에서 일어났어요.

그리고 해님이 레농산 위로 고개를 내밀 때 무툴라는 벌써 코로로 언덕 아래로 깡충깡충 뛰어 내려왔지요.

길고 튼튼한 밧줄을 한쪽 어깨에 걸치고요.

코끼리 투루는 역시나 언덕에 있었어요!

3-2 『국어』 9단원 **'대단한 줄다리기'** 중에서

출처 『**무툴라는 못 말려!**』 | 베벌리 나이두 글 | 피에트 그로블러 그림 | 강미라 옮김 | 국민서관

★ 예쁘게 따라 써봐요 ▶

다	음		날	,		해	님	이		오	렌	지	색	과	∨
빨	간	색		햇	살	로		달	님	에	게		길	을	∨
비	키	라	는		경	고	를		보	내	기	도		전	
에		무	툴	라	는		자	리	에	서		일	어	났	
어	요	.													
그	리	고		해	님	이		레	농	산		위	로		
고	개	를		내	밀		때		무	툴	라	는		벌	
써		코	로	로		언	덕		아	래	로		깡	충	

137

깡충 뛰어 내려왔지요.
길고 튼튼한 밧줄을 한쪽 어깨에 걸치고요.
코끼리 투루는 역시나 언덕에 ∨
있었어요!

♣ 오늘의 낱말

경고	뜻	조심하거나 삼가도록 미리 주의를 줌
	비	주의, 경계, 경각
	반	
	쓰	경고를 하다. 경고를 받다.

♣ 오늘의 낱말을 넣어 문장을 만들어 봐요

예시 수업 시간에 떠들다가 선생님께 경고를 받았다.

내가 만든 문장

♣ **낱말을 바꿔 써봐요**

(길고 튼튼 한) 밧줄을 한쪽 어깨에 걸치고요.

예시 (두꺼운) 밧줄을 한쪽 어깨에 걸치고요.

내가 바꾼 낱말 (   )

밧줄을 한쪽 어깨에 걸치고요.

♣ **문장을 바꿔 이어 써봐요**

다음 날, 예시 (해가 뜨기도 전에 서둘러서) 무툴라는 자리에서 일어났어요.

다음 날, 내가 바꾼 문장 (

)

무툴라는 자리에서 일어났어요.

그리고 해님이 레농산 위로 고개를 내밀 때 무툴라는 벌써 코로로 언덕 아래로

깡충깡충 뛰어 내려왔지요.

길고 튼튼한 밧줄을 한쪽 어깨에 걸치고요.

코끼리 투루는 역시나 언덕에 있었어요!

43 토끼의 재판

나그네가 문을 열자, 호랑이가 뛰쳐나와서 나그네를 잡아먹으려고 덤빈다.

나그네 : 이게 무슨 짓이오? 약속을 지키지 않고…….

호랑이 : 하하, 궤짝 속에서 한 약속을 궤짝 밖에 나와서도 지키라는 법이 어디 있어?

나그네 : 조금 전에 은혜를 모를 리가 있겠느냐고 하면서 애걸복걸하지 않았소?

호랑이 : 은혜 모르기는 사람이 더하지.

3-2 『국어』 9단원 '토끼의 재판' 중에서
출처 | 《어린이》 제1권 10호 | 방정환 글

✎ 예쁘게 따라 써봐요 ▶

나	그	네	가		문	을		열	자	,		호	랑	이	
가		뛰	쳐	나	와	서		나	그	네	를		잡	아	
먹	으	려	고		덤	빈	다	.							
나	그	네	:		이	게		무	슨		짓	이	오	?	∨
약	속	을		지	키	지		않	고	…	…	.			
호	랑	이	:		하	하	,		궤	짝		속	에	서	∨
한		약	속	을		궤	짝		밖	에		나	와	서	
도		지	키	라	는		법	이		어	디		있	어	?∨

나그네: 조금 전에 은혜를 모를 리가 있겠느냐고 하면서 ∨
애걸복걸하지 않았소? 호랑이: 은혜 모르기는 사람이 더하지.

♣ 오늘의 낱말

애걸복걸	뜻	소원 따위를 들어 달라고 간절하게 빌고 또 빎
	비	애원, 애걸, 사정사정
	반	
	쓰	애걸복걸 매달리다.

♣ 오늘의 낱말을 넣어 문장을 만들어 봐요

예시   나는 애걸복걸하며 엄마에게 매달렸다.

내가 만든 문장

♣ 낱말을 바꿔 써봐요

호랑이가 뛰쳐나와서 나그네를 잡아먹으려고 (덤빈다.)

예시 호랑이가 뛰쳐나와서 나그네를 잡아먹으려고 (으르렁거렸다.)

내가 바꾼 낱말 호랑이가 뛰쳐나와서 나그네를 잡아먹으려고 (

)

♣ 문장을 바꿔 이어 써봐요

나그네: 이게 무슨 짓이오? 약속을 지키지 않고…….

호랑이: 하하, 궤짝 속에서 한 약속을 궤짝 밖에 나와서도 지키라는 법이 어디 있어?

나그네: 조금 전에 은혜를 모를 리가 있겠느냐고 하면서 애걸복걸하지 않았소?

호랑이: 예시 (원래 마음은 바뀌기 마련이지.)

호랑이: 내가 바꾼 문장 (

)

142

44 눈

"물론 모두 너를 좋아하지. 네가 예쁜 것도 사실이야. 하지만 친구야! 언제나 너만 좋고 예쁠 수는 없단다. 때로는 시원한 바람이 좋을 수도 있고, 때로는 촉촉한 비가 예쁠 수도 있거든. 그러니까 가끔은 가장 예쁜 자리를 남에게 양보할 줄도 알아야 해."

눈은 곰곰이 생각해 봤어요.

3-2 『국어 활동』 9단원 '눈' 중에서

출처 | 『눈』 | 박웅현 글 | 차승아 그림 | 비룡소

예쁘게 따라 써봐요 ▶

"	물	론		모	두		너	를		좋	아	하	지	.		∨
네	가			예	쁜		것	도		사	실	이	야	.		
하	지	만		친	구	야	!		언	제	나			너	만	∨
좋	고			예	쁠		수	는		없	단	다	.		때	
로	는			시	원	한		바	람	이		좋	을		수	
도		있	고	,			때	로	는		촉	촉	한		비	
가		예	쁠		수	도		있	거	든	.			그	러	
니	까		가	끔	은			가	장			예	쁜		자	리

를		남	에	게		양	보	할		줄	도		알	아
야		해	.	"										
눈	은		곰	곰	이		생	각	해		봤	어	요	.

★ 오늘의 낱말을 익혀요 ▶

♣ 오늘의 낱말

곰곰이	뜻	이리저리 깊이 생각하는 모양
	비	깊이, 가만히, 곰곰, 깊이깊이
	반	대충
	쓰	곰곰이 생각하다.

♣ 오늘의 낱말을 넣어 문장을 만들어 봐요

예시   엄마가 하신 말씀을 곰곰이 생각해 보았다.

내가 만든 문장

나도 작가

♣ 낱말을 바꿔 써봐요

(때로는) 시원한 바람이 좋을 수도 있고, (때로는) 촉촉한 비가 예쁠 수도 있거든.

예시 (더운 날에는) 시원한 바람이 좋을 수도 있고, (이른 아침에는) 촉촉한 비가

예쁠 수도 있거든.

내가 바꾼 낱말 (   ) 시원한 바람이 좋을 수도 있고,

(   ) 촉촉한 비가 예쁠 수도 있거든.

♣ 문장을 바꿔 이어 써봐요

"물론 모두 너를 좋아하지. 네가 예쁜 것도 사실이야. 하지만 친구야! 언제나 너
만 좋고 예쁠 수는 없단다. 때로는 시원한 바람이 좋을 수도 있고, 때로는 촉촉
한 비가 예쁠 수도 있거든.

그러니까 **예시** (언제나 네가 최고여야 한다는 생각은 버리렴.")

그러니까 **내가 바꾼 문장** (

)

눈은 곰곰이 생각해 봤어요.

145

어린 왕자

그제야 나는 그가 찾고 있는 게 무엇인지 깨달았다.

나는 두레박을 그의 입술에 대 주었다.

그는 눈을 감고 물을 마셨다.

축제처럼 감미로운 순간이었다.

그 물은 물 이상의 다른 어떤 것이었다.

생텍쥐페리 『**어린 왕자**』 중에서

예쁘게 따라 써봐요 ▶

그	제	야		나	는		그	가		찾	고		있	는	∨
게		무	엇	인	지		깨	달	았	다	.				
나	는		두	레	박	을		그	의		입	술	에		
대		주	었	다	.										
그	는		눈	을		감	고		물	을		마	셨	다	.∨
축	제	처	럼		감	미	로	운		순	간	이	었	다	.∨
그		물	은		물		이	상	의		다	른		어	
떤		것	이	었	다	.									

♣ 오늘의 낱말

감미롭다	**뜻** 맛이 달거나 달콤하다.
	비 달콤하다, 달짝지근하다, 달다
	반 쓰다
	쓰 감미로운 사랑

♣ 오늘의 낱말을 넣어 문장을 만들어 봐요

예시 솜사탕은 입에서 살살 녹아내리는 감미로운 맛이다.

내가 만든 문장

 나도 작가

♣ 낱말을 바꿔 써봐요

(축제처럼) 감미로운 순간이었다.

예시 (첫 성공)처럼 감미로운 순간이었다.

내가 바꾼 낱말 (⠀⠀⠀⠀⠀⠀)처럼 감미로운 순간이었다.

그제야 나는 그가 찾고 있는 게 무엇인지 깨달았다.

나는 두레박을 그의 입술에 대 주었다.

그는 눈을 감고 물을 마셨다.

축제처럼 감미로운 순간이었다.

예시 (늘 먹던 물이었지만, 전혀 다른 맛이었다.)

내가 바꾼 문장 (

　　　　　　　　　　　　　　　　　　　　　　　　　　　　　　　　)

20 년 월 일

엄마야 누나야

엄마야 누나야 강변 살자.

뜰에는 반짝이는 금모래빛.

뒷문 밖에는 갈잎의 노래.

엄마야 누나야 강변 살자.

김소월 「**엄마야 누나야**」 중에서

예쁘게 따라 써봐요

엄마야 누나야 강변 살자.

뜰에는 반짝이는 금모래빛.

뒷문 밖에는 갈잎의 노래.

엄마야 누나야 강변 살자.

♣ 오늘의 낱말

강변	뜻	강의 가장자리에 잇닿아 있는 땅이나 그 부근
	비	강가, 강기슭
	반	
	쓰	강변을 거닐다.

♣ 오늘의 낱말을 넣어 문장을 만들어 봐요

예시 나와 친구는 강바람을 맞으며 강변을 걸었다.

내가 만든 문장

 나도 작가

♣ 낱말을 바꿔 써봐요

뒷문 밖에는 (갈잎)의 노래.

예시 뒷문 밖에는 (바람)의 노래.

내가 바꾼 낱말 뒷문 밖에는 (   )의 노래.

♣ 문장을 바꿔 이어 써봐요

엄마야 누나야 강변 살자.

예시 (강가에 예쁜 오두막 짓고.)

내가 바꾼 문장 (   )

뒷문 밖에는 갈잎의 노래.

엄마야 누나야 강변 살자.

47 마지막 수업

그날 아침, 나는 학교에 매우 늦었어요.

꾸중을 들을까 봐 몹시 겁이 났지요.

아멜 선생님이 분사에 대해 물어보겠다고 하셨는데, 나는 그 첫 문장조차

몰랐기 때문에 더욱 겁이 났던 거지요.

일순간 수업을 빼먹고 들판으로 놀러나 갈까 하는 생각이 들었어요.

알퐁스 도데 『**마지막 수업**』 중에서

★ 예쁘게 따라 써봐요 ▶

그	날		아	침	,		나	는		학	교	에		매
우		늦	었	어	요	.								
꾸	중	을		들	을	까		봐		몹	시		겁	이	∨
났	지	요	.											
아	멜		선	생	님	이		분	사	에		대	해	
물	어	보	겠	다	고		하	셨	는	데	,		나	는	∨
그		첫		문	장	조	차		몰	랐	기		때	문
에		더	욱		겁	이		났	던		거	지	요	.

152

일	순	간		수	업	을		빼	먹	고		들	판	으
로		놀	러	나		갈	까		하	는		생	각	이	∨
들	었	어	요	.										

✏ 오늘의 낱말을 익혀요 ▶

♣ **오늘의 낱말**

일순간	뜻	아주 짧은 시간
	비	순식간, 삽시간, 순간
	반	
	쓰	일순간에 달라지다.

♣ **오늘의 낱말을 넣어 문장을 만들어 봐요**

예시   일순간 벌어진 일이라 손쓸 겨를조차 없었다.

내가 만든 문장

나도 작가

♣ **낱말을 바꿔 써봐요**

일순간 (수업을) 빼먹고 들판으로 놀러나 갈까 하는 생각이 들었어요.

예시 일순간 (강의를) 빼먹고 들판으로 놀러나 갈까 하는 생각이 들었어요.

내가 바꾼 낱말 일순간 (

) 빼먹고 들판으로 놀러나 갈까 하는 생각이 들었어요.

♣ 문장을 바꿔 이어 써봐요

그날 아침, 나는 학교에 매우 늦었어요.
꾸중을 들을까 봐 몹시 겁이 났지요.
아멜 선생님이 분사에 대해 물어보겠다고 하셨는데, 나는 그 첫 문장조차
몰랐기 때문에 더욱 겁이 났던 거지요.

예시 (아프다는 핑계로 학교를 가지 말까 고민도 했습니다.)

내가 바꾼 문장 (

)

48 부모님이 나를 부르시거든

부모님이 나를 부르시거든 대답하고,

얼른 달려가야 한다.

부모님이 나를 꾸짖으시더라도,

화내지 말고 말대답하지 말아라.

『사자소학』 중에서

★ 예쁘게 따라 써봐요 ▶

부	모	님	이		나	를		부	르	시	거	든		대
답	하	고	,											
얼	른		달	려	가	야		한	다	.				
부	모	님	이		나	를		꾸	짖	으	시	더	라	도 |,ᐯ
화	내	지		말	고		말	대	답	하	지		말	아
라	.													

♣ 오늘의 낱말

말대답	뜻	손윗사람의 말에 덮어놓고 반대한다는 뜻으로 답함.
	비	말대꾸, 대답질, 맞대꾸
	반	
	쓰	

♣ 오늘의 낱말을 넣어 문장을 만들어 봐요

예시 　엄마 말씀에 꼬박꼬박 말대답하다가 혼만 났다.

내가 만든 문장

나도 작가

♣ 낱말을 바꿔 써봐요

부모님이 나를 꾸짖으시더라도, 화내지 말고 (말대답하지) 말아라.

예시 　부모님이 나를 꾸짖으시더라도, 화내지 말고 (반항하지) 말아라.

내가 바꾼 낱말 　부모님이 나를 꾸짖으시더라도, 화내지 말고 (

）하지 말아라.

♣ 문장을 바꿔 이어 써봐요

부모님이 나를 부르시거든 대답하고,

예시 (부모님의 말씀에 경청하고,)

내가 바꾼 문장 (   )

부모님이 나를 꾸짖으시더라도,
화내지 말고 말대답하지 말아라.

49 유익한 벗과 해로운 벗

공자께서 말씀하셨다.

"유익한 벗이 셋이 있고, 해로운 벗이 셋이 있다.

정직한 사람, 신의가 있는 사람, 견문이 넓은 사람을 벗하면 유익하다.

위선적인 사람, 아첨 잘하는 사람, 말만 잘하는 사람을 벗하면 해롭다."

공자 『**논어**』 '계씨(季氏)' 편 중에서

★ 예쁘게 따라 써봐요 ▶

공	자	께	서		말	씀	하	셨	다	.		
"	유	익	한		벗	이		셋	이		있	고,
해	로	운		벗	이		셋	이		있	다	.
정	직	한		사	람	,		신	의	가		있	는
사	람	,		견	문	이		넓	은		사	람	을
벗	하	면		유	익	하	다	.				
위	선	적	인		사	람	,		아	첨		잘	하	는
사	람	,		말	만		잘	하	는		사	람	을

∨

벗하면 해롭다. "

♣ 오늘의 낱말

견문	뜻	보고 들어 어떤 지식을 얻음
	비	지식, 식견,
	반	
	쓰	견문이 넓다.

♣ 오늘의 낱말을 넣어 문장을 만들어 봐요

예시 여행을 하면 견문이 넓어진다.

내가 만든 문장

 나도 작가

♣ 낱말을 바꿔 써봐요

정직한 사람, 신의가 있는 사람, (견문이 넓은) 사람을 벗하면 유익하다.

예시 정직한 사람, 신의가 있는 사람, (지혜로운) 사람을 벗하면 유익하다.

내가 바꾼 낱말 정직한 사람, 신의가 있는 사람, (

) 사람을 벗하면 유익하다.

♣ 문장을 바꿔 이어 써봐요

공자께서 말씀하셨다.

"유익한 벗이 셋이 있고, 해로운 벗이 셋이 있다.

정직한 사람, 신의가 있는 사람, 견문이 넓은 사람을 벗하면 유익하다.

예시 (남을 속이는 사람, 게으른 사람, 다른 사람을 욕하는 사람을) 벗하면

해롭다.

내가 바꾼 문장 (

) 벗하면 해롭다.

50 참지 못하면
사람이 아니로구나

자장이 감탄하며 말하였다.

"얼마나 좋은 말씀이신가? 참는다는 건 참으로 어렵구나!

참으로 어렵구나.

사람이 아니면 참지 못하고 참지 못하면 사람이 아니로구나."

범립본 『명심보감』 '계성(戒性)' 편 중에서

★ 예쁘게 따라 써봐요 ▶

자	장	이		감	탄	하	며		말	하	였	다	.
"	얼	마	나		좋	은		말	씀	이	신	가	?
참	는	다	는		건		참	으	로		어	렵	구	나	!	∨
참	으	로		어	렵	구	나	.
사	람	이		아	니	면		참	지		못	하	고
참	지		못	하	면		사	람	이		아	니	로	구
나	.	"

♣ 오늘의 낱말

감탄	뜻	마음속 깊이 느끼어 탄복함
	비	경탄, 감복, 찬탄, 탄복
	반	
	쓰	감탄사, 감탄을 금치 못하다.

♣ 오늘의 낱말을 넣어 문장을 만들어 봐요

예시 엄마는 100점 받은 내 시험지를 보고 감탄을 금치 못했다.

내가 만든 문장

 나도 작가

♣ 낱말을 바꿔 써봐요

사람이 아니면 참지 못하고 참지 못하면 (사람)이 아니로구나.

예시 사람이 아니면 참지 못하고 참지 못하면 (성공할 사람)이 아니로구나.

내가 바꾼 낱말 사람이 아니면 참지 못하고 참지 못하면 (

)이 아니로구나.

♣ 문장을 바꿔 이어 써봐요

자장이 감탄하며 말하였다.

"얼마나 좋은 말씀이신가? 참는다는 건 참으로 어렵구나!

참으로 어렵구나.

예시 (잘 참는 만큼 원하는 바를 이룰 것이다.")

내가 바꾼 문장 (

)

송재환 쌤의 초3 국어교과서
따라쓰기 공부법

초판 1쇄 발행 2023년 10월 13일
초판 3쇄 발행 2024년 9월 13일

지은이 송재환
펴낸이 김종길 **펴낸 곳** 글담출판사 **브랜드** 글담출판

기획편집 이경숙 · 김보라 **영업** 성홍진
디자인 손소정 **마케팅** 김지수 **관리** 이현정

출판등록 1998년 12월 30일 제2013-000314호
주소 (04029) 서울시 마포구 월드컵로8길 41 (서교동 483-9)
전화 (02) 998-7030 **팩스** (02) 998-7924
블로그 blog.naver.com/geuldam4u **이메일** to_geuldam@geuldam.com

ISBN 979-11-91309-48-5 (03370)

만든 사람들 ─────────────
책임편집 이경숙 **디자인** 정현주

글담출판에서는 참신한 발상, 따뜻한 시선을 가진 원고를 기다리고 있습니다. 원고는 글담출판
블로그와 이메일을 이용해 보내주세요. 여러분의 소중한 경험과 지식을 나누세요.